Jörg Becker

Standortanalyse – ein ständiges Fließen von Wandel und Prüfen von Umgestaltung

Ganzheitliches contra selektives Denken

© 2019 Jörg Becker

www.beckinfo.de

Der Autor

Jörg Becker hat Führungspositionen in der amerikanischen IT-Wirtschaft, bei internationalen Consultingfirmen und im Marketingmanagement bekleidet und ist Inhaber eines Denkstudio für strategisches Wissensmanagement zur Analyse mittelstandorientierter Businessoptionen auf Basis von Personal- und Standortbilanzen. Die Publikationen reichen von unabhängigen Analysen bis zu umfangreichen thematischen Dossiers, die aus hochwertigen und verlässlichen Quellen zusammengestellt und fachübergreifend analysiert werden. Zwar handelt es sich bei diesen Betrachtungen (auch als Storytelling) vor allem von Intellektuellem (immateriellen) Kapital nicht unbedingt um etwas Neues, aber um etwas Anderes. Denn um neue Wege zu gehen, reicht es manchmal aus, verschiedene Sachverhalte, die sich bewährt haben, miteinander neu zu kombinieren und fachübergreifend zu durchdenken. Zahlen ja, im Vordergrund stehen aber „weiche" Faktoren: es wird versucht, Einflussfaktoren nicht nur als absolute Zahlengrößen, sondern vor allem in ihrer Relation zueinander und somit in ihren dynamischen Wirkungsbeziehungen zu sehen. Auch scheinbar Nebensächliches wird aufmerksam beobachtet. In der unendlichen Titel- und Textfülle im Internet scheint es kaum noch ein Problem oder Thema zu geben, das nicht bereits ausführlich abgehandelt und oft beschrieben wurde. Viele neu hinzugefügte und generierte Texte sind deshalbhalb zwangsläufig nur noch formale Abwandlungen und Variationen. Das Neue und Innovative wird trotzdem nicht untergehen. Die Kreativität beim Schreiben drückt sich dadurch aus, vorhandenes Material in vielen kleinen Einzelteilen neu zu werten, neu zusammen zu setzen, auf individuelle Weise zu kombinieren und in einen neuen Kontext zu stellen. Ähnlich einem Bild, das zwar auf gleichen Farben beruhend trotzdem immer wieder in ganz neuer Weise und Sicht geschaffen wird. Texte werden also nicht nur immer wiederholt sequentiell gelesen, sondern entstehen in neuen Prozess- und Wertschöpfungsketten. Das Neue folgt aus dem Prozess des Entstehens, der seinerseits neues Denken anstößt. Das Publikationskonzept für eine selbst entwickelte Tool-Box: Storytelling, d.h. Sach- und Fachthemen möglichst in erzählerischer Weise und auf (Tages-) Aktualität bezugnehmend aufbereiten. Mit akademischer Abkapselung haben viele Ökonomen es bisher versäumt, im Wettbewerb um die besseren Geschichten mitzubieten. Die in den Publikationen von Jörg Becker unter immer wieder anderen und neuen Blickwinkeln dargestellten Konzepte beruhen auf zwei Grundpfeilern: 1. personenbezogener Kompetenzanalyse und 2. raumbezogener Standortanalyse. Als verbindende Elemente dieser beiden Grundpfeiler werden a) Wissensmanagement des Intellektuellen Kapitals und b) bilanzgestützte Decision Support Tools analysiert. Fiktive Realitäten können dabei manchmal leichter zu handfesten Realitäten führen. Dies alles unter einem gemeinsamen Überbau: nämlich dem von ganzheitlich durchgängig abstimmfähig, dynamisch vernetzt, potential- und strategieorientiert entwickelten Lösungswegen.

Management Overview

Die politisch und fachlich Verantwortlichen eines Standortes sollten bestmögliche Hilfen und Informationen bieten, um Interessenten wie Ansässigen oft existenzbestimmende Standortentscheidungen soweit als nur möglich zu erleichtern. Beide Gruppen sollten ihrerseits die möglichen Instrumente und Arbeitshilfen nutzen, um sich selbst ein genaues Bild von der Gesamtbilanz des Standortes zu machen. Ein möglichst realitätsgetreues Bild des Standortes muss aus den oft sehr verschiedenen Blickrichtungen eines Betrachters, also vor Ort ansässigen Unternehmen, kommunalen Verwaltungsstellen, ansiedlungs- und investitionsinteressierten Firmen oder Personen und Existenzgründern, zusammengefügt werden. Die Frage des richtigen, d.h. am besten geeigneten Standortes ist für Unternehmen zu wichtig, als dass man sie an Dritte delegieren oder auf eine von Zeit zu Zeit notwendige Überprüfung verzichten könnte. Jeder Strategie-Check des Unternehmens sollte deshalb immer auch die Standortfrage mit einschließen. Denn einmal getroffene Standortentscheidungen lassen sich, auch wenn sie „suboptimal" sind, nur schwer korrigieren. Mit der Gleichzeitigkeit ungleicher Entwicklungen als Folge des wirtschaftlich-strukturellen Wandels steigt auch an vielen Orten die Notwendigkeit von Anpassungen durch einen Standortumbau. Im harten Wettbewerb um die Ansiedlung von Unternehmen genügt potentiellen Investoren der Verweis auf die Prosperität, hervorragende Infrastruktur und geografische Lage nicht mehr. Es geht um die Lösung von Fragen wie beispielsweise: wie kann der Standort mit der Dynamik des ihn umgebenden Umfeldes mithalten? aus welchen individuellen und kollektiven Standortfaktoren setzt sich das Kapital des Standortes zusammen, auf das er bei der Lösung seiner Aufgaben zurückgreifen kann? sind die notwendigen Fähigkeiten vorhanden, um das vorhandene Potenzial produktiv nutzen zu können? wie kann man die vorhandenen Erfolgsfaktoren des Standortes bündeln und konzentrieren? Die Wirtschaftsförderung braucht daher neue Impulse, um in ihrem Bereich die Zukunft von Arbeitsplätzen zu sichern. Der Standort unterliegt einem dynamischen Wandel und Anpassungsdruck: insbesondere der richtige Umgang mit dem verfügbaren Standortkapital als Ressource wird für die Zukunft immer mehr zum entscheidenden Erfolgsfaktor. Es reicht nicht aus, nur über das Geschehen am eigenen Standort genauestens im Bilde zu sein. Man muss sich zusätzlich darüber Klarheit verschaffen, wen man als Konkurrenten zu beobachten hat und was sich in der direkten Nachbarschaft, d.h. in einem Umkreis von ca. 100 km abspielt. Das Standortmarketing muss weit über den eigenen Tellerrand hinausschauen und jegliches Kirchturm-Denken vermeiden. Die Wirtschaftsförderung darf neben lokalen weder bundesweite noch internationale Aspekte aus ihrem Radarschirm verlieren. Aus methodischer Sicht bieten sich zwei miteinander verwandte Instrumente an: Konkurrenzanalyse und Benchmarking. Es kommt auch darauf an, dem Geheimnis erfolgreich agierender Standorte auf die Spur zu kommen. Greift der Standort auch auf Fremdeinschätzungen zurück, so wird er quasi automatisch dazu gezwungen, sich nicht ständig immer nur von innen, sondern verstärkt durch die Brille des Marktes (von potenziellen Ansiedlern, Investoren u.a.) zu betrachten. Die an Entscheidungsprozessen beteiligten Schlüsselpersonen des Standortes gewinnen damit Kernindikatoren und Maßstäbe, die ihnen wertvolle Hinweise liefern können, was intern zu machen ist, um den Erwartungen des Marktes zu genügen. Ziel ganzheitlichen Denkens und Handelns muss sein, eine Wertschöpfungskette so zu gestalten, dass keine Werte vernichtet werden und es gelingt, in mehreren Dimensionen erfolgreich zu sein, Aktivitäten sich gegenseitig unterstützen, spezifische Wertpositionen auch langfristig gesichert werden können und alternative Wertpositionen anhand verschiedener Szenarien analysiert werden können. Für die Erarbeitung von Standortanalysen sind empirische Grundlagen erforderlich, d.h. man braucht (darf) sich auf dem Weg zu einer Erkenntnis nicht auf Messungen und quantitative Analysen beschränken. Negative Folgen können entstehen, wenn eine Vorstellung verfolgt wird, nach der auf Dauer aus kurz immer lang gemacht werden kann. Nach der: eine langfristige Strategie in einem kurzatmigen Umfeld, in dem nur von Tag zu Tag gedacht wird, erfolgreich gemacht werden könnte. Nach der: man darauf baut, das Gewesene aus der Vergangenheit in die Zukunft fortschreiben zu können. Nach der: langfristiges Denken laufend mit kurzfristig veränderten Annahmen überlagert wird. Nach der: ganzheitliches Denken von selektiven Wahrnehmungen verdrängt wird. Ein möglichst realitätsgetreues Bild des Standortes muss aus den oft sehr verschiedenen Blickrichtungen eines Betrachters (vor Ort ansässigen Unternehmen, kommunalen Verwaltungsstellen, ansiedlungs- und investitionsinteressierten Firmen, Personen und Existenzgründern) zusammengefügt werden. Einmal getroffene Standortentscheidungen lassen sich, auch wenn sie nur „suboptimal" sind, nur schwer korrigieren. Den unkalkulierbaren Gefahren von „Standort-Blindflügen" kann am besten durch präzise und vollständige Vermessungen begegnet werden. Es bedarf eines durchgängigen Konzeptes, das beschreibt/ vorgibt, wie sich der Standort anhand der ihn aus-/kennzeichnenden (immateriellen) Faktoren im Wettbewerb/ Markt, gegenüber Investoren/ Standortinteressenten sowie gegenüber anderen Standorten (in der Nähe, aber im Rahmen einer sich globalisierenden Wirtschaft auch in der Ferne) positionieren will. Dabei geht es um die Feststellung der für den Standort relevanten Geschäftsprozesse und Erfolgsfaktoren. Die Standortökonomie weicher Faktoren macht Zusammenhänge zwischen Zielen, Geschäftsprozessen, Standortressourcen und Geschäftserfolg transparenter: die Verwendung der Standortressourcen wird dokumentiert und Zielerreichungen hieraus werden bilanziert. Durch das Hinterfragen komplexer Prozesse wird die Basis für zukünftig weitere Verbesserungsmöglichkeiten gelegt. Viele Projekte (Atomausstieg, Energiewende u.a.) sind nicht nur technische Projekte, sondern eng mit ihren auch sozialen Folgen gekoppelt. Das soziologische Orakel für die daraus entstehenden kommenden Gegenwarte ist die Technologiefolgeabschätzung. Denn meist stellt sich erst im Nachhinein heraus, dass neue Techniken auch neue Kontexte erzeugen. Datenmenge und Gedankenmenge verhalten sich nicht proportional zueinander: Informationen verursachen Reaktionen, d.h. die Datenmenge steigt täglich an, weil aus Informationen als Folgewirkung mehr Information wird. Es bleibt immer weniger Zeit für eine gedankliche Auseinandersetzung mit nachhaltigen Standortanalysen. Es gibt keinen festen Halt mehr, keine sicheren Orientierungspunkte. Je mehr Daten es gibt desto sorgfältiger muss geprüft werden, wie wichtig, relevant, nützlich diese Daten sind. Hierfür braucht es neben Zeit auch Kompetenz. Viele Probleme haben ihre Ursache darin, dass sich das Ausbalancieren zwischen Denken und Fühlen, Wertvorstellungen und Verhaltensweisen nicht (mehr) im Gleichgewicht befindet. In der heutigen Zeit gilt Rationalität gilt als das Maß aller Dinge, ein intuitives Wissen (das genauso zuverlässig und gültig sein kann) wird eher abschätzig bewertet. Die mechanistische Sicht eines Standortes funktioniert aber nur so lange, so lang dieser in einem dynamischen Gleichgewicht (welches auf Zyklen und kontinuierlichen Schwankungen beruht) gehalten wird. Genauso wenig wie aus einer guten Sache nicht automatisch eine bessere wird, wenn man ihr noch mehr Gutes hinzufügt, genauso wenig wird unbegrenztes wirtschaftliches und technologisches Wachstum über alle Zeiten hinweg als rein lineares Geschehen möglich sein. Da Standorte einem ständigen und immer dynamischer ablaufenden Wandlungsprozess folgen, kann ein potenzieller Standortbeobachter diesen auf einer bestimmten Strecke des hierbei zurückgelegten Weges begleiten: ohne genau fixierten Startpunkt im Sinne einer auf den Stichtag bezogenen Eröffnungsbilanz. Und mit offenem Ausgang. Begebenheiten, die heute noch unverrückbar scheinen mögen, könnten bereits schon morgen in einem völlig anderen Licht erscheinen. Für die angemessene Darstellung von Analysen und Ergebnissen der Standortbeobachtung braucht es geeignete Instrumente. Insofern ist jede Standortbeobachtung immer auch eine Fortsetzungsgeschichte mit offenem Ausgang. Volkswirtschaften mit einem höheren Anteil digitaler Geschäftsmodelle und Infrastruktur erzielen einen Einkommensvorteil, durch digitale Technologie werden traditionell regional begrenzte Zusammenhänge geöffnet und vernetzt. Jeder Standort steht somit direkt oder indirekt in Wirkungs- und teilweise Abhängigkeitsbeziehungen zu einer Vielzahl anderer Standorte. Es reicht daher nicht aus, nur über das Geschehen am eigenen Standort genauestens im Bilde zu sein: man muss sich zusätzlich darüber Klarheit verschaffen, wen man als Konkurrenten zu beobachten hat und was sich in der direkten Nachbarschaft, d.h. in einem Umkreis von ca. 100 km abspielt. Das Standortmarketing muss weit über den eigenen Tellerrand hinausschauen und jegliches Kirchturm-Denken vermeiden. Die Wirtschaftsförderung darf neben lokalen weder bundesweite noch internationale Aspekte aus ihrem Radarschirm verlieren. Unter dem Stichwort „Public Management" kann man heute viele bisher nur in der Unternehmenspraxis gängige Verfahren nun auch in der öffentlichen Verwaltung wiederfinden. Die verantwortlichen Standortakteure haben erkannt, dass es problematisch ist, die Zukunft ausschließlich als Fortschreibung der Vergangenheit zu sehen. Vielmehr besteht in Anbetracht der auf einen Standort einwirkenden internen und externen Einflussfaktoren die Notwendigkeit, schon heute die Voraussetzungen für zukünftige Standorterfolge zu erkennen und zu schaffen. Komplexe Sachverhalte werden nicht dadurch einfacher, dass bei der Analyse einer solchen dynamischen Situation immer nur ein momentaner Zustand erfasst wird (Prozesse und Entwicklungen dagegen unberücksichtigt bleiben). Gegebenenfalls kann damit ein Ist-Zustand zwar richtig abgebildet werden. Aufgrund der komplexen Systemen anhaftenden Eigendynamik besteht jedoch immer die Möglichkeit einer falschen Bewertung der einzelnen Zustandsgrößen und ihrer Potenziale. Es müssen daher immer auch die überlagernden Trends beobachtet werden. In turbulenten Zeiten verflüssigt sich alles Festetablierte. Es kommt darauf an, die wesentlichen Treiber der Veränderungen auszumachen und auch (vielleicht nur flüchtige Zusammenhänge) aufzuspüren. Als wesentliche Ursachen und Einflussfaktoren für die Zunahme der Umfeldturbulenzen gelten Komplexität und Dynamik. Überraschungen und unvorhergesehene Entwicklung sind an der Tagesordnung: Probleme und Ereignisse, die sich quasi über Nacht in das Bewusstsein drängen und mehr als alle vorherigen plötzlich nach (ungeteilter) Aufmerksamkeit verlangen. Jedes Modell, so oft man es auch immer weiter verbessern mag, ist von Natur aus unvollkommen. Besser wäre es, sich bei einem Problem stärker auf das zu konzentrieren, was man in der realen Welt vorfindet und für konkrete Fragestellungen verwenden kann. Handwerkszeug hierfür können Verfahren sein, die mit Modellen zwar verwandt, aber viel offener und informeller sind. Dabei könnten auch Intuition, der gesunde Menschenverstand, Erfahrungen und vieles andere mehr einfließen. Der Markt der Standorte kann aus unterschiedlichen Sichtweisen und Blickwinkeln betrachtet werden: a) nachfrageorientierte Sichtweise der Standortsuche von Unternehmen, b) angebotsorientierte Sichtweise des Standortmarketing von Gemeinden, Städten und Regionen oder c) innenbezogene Sichtweise für interne Diskussionen und Abstimmungen. Da auf der Angebotsseite des Standortmarktes die Standortökonomie weicher Faktoren nicht nur interne Planungs- Verwaltungs- und Entscheidungsprozesse unterstützt, sondern auch der Kommunikation nach außen, beispielsweise mit Investment Professionals der Nachfrageseite dienen soll, sollte vorab geklärt werden, auf welche Weise in der Praxis der Ablauf einer Standortanalyse erfolgt. Die rechnerische Auswertung von zahlreichen Einzelindikatoren wird erst dann fruchtbringend, wenn sie zu Kennzahlenbündeln führt, die standortrelevante Informationen sinnvoll ordnen. D.h. alle Standortfaktoren sollten durchgängig in ihren Bewertungen, Messungen, Wirkungsbeziehungen und Auswertungen abstimmfähig gehalten werden. Insofern ist die Informationsqualität des Netzes an vielen Stellen auch eher beschränkt: es gibt eine gewaltige Flut der Informationsverschmutzung, die das Netz mit falschen Daten zumüllt. Denn jedermann ist darauf bedacht, aufrichtige Informationen und Meinungen zurückzuhalten, um von sich ein möglichst positives Scheinbild zu erzeugen, dass auch noch Anerkennung bei fernen Algorithmen-Technikern findet. Statt Informationen zu dem „so sind wir" gibt es mehr verzerrte Informationen zu dem „so wollen wir sein": alles wird dem Bild untergeordnet, dass man online abgeben möchte. Insbesondere in partizipativen Verfahren muss deutlich werden, welche späteren Entscheidungen im politischen Raum tatsächlich durch einen informellen Planungsprozess beeinflusst werden können und welche nicht: überzogene Erwartungen bergen die Gefahr der Enttäuschung und Frustration. Oft wird ein Projekt durch subjektive Einschätzungen behindert, die nicht verifiziert werden: es fehlt meist nicht an Wissen, sondern an Informationsaustausch. D.h. über die Moderation muss Wissen an die Entscheidungsträger verteilt werden. Die Bildung und Auswertung von Kennzahlen setzt zunächst voraus, dass man sich der Grenzen ihrer Aussagefähigkeit bewusst ist. So darf nicht übersehen werden, dass Kennzahlen in ihrer mathematischen Formalisierung oft statisch sind und die Dynamik ablaufender Prozesse nicht immer genau zeitnah abbilden. Nicht aus dem Auge verloren werden sollte, dass vergangenheitsbezogene Kennzahlen nur bedingte Aussagen über die Gegenwart und noch weniger Aussagen über die Zukunft zulassen, statische Kennzahlen nur stichtagbezogene Situationen widerspiegeln und damit nicht Bewegungsabläufe über Zeiträume erfassen können. Kennzahlen dürfen nicht isoliert interpretiert werden, sondern müssen sich einer bestimmten Systematik zuordnen lassen. Integrierte Kennzahlensysteme sind immer Mittel-Zweck-Beziehungen, die aus einem übergeordneten Zielsystem abzuleiten sind. Das wichtigste Element der Kennzahl bleibt ihr Informationscharakter, um auch komplizierte Tatbestände in konzentrierter Form quantifizieren zu können. Wenn der Standort seine Fähigkeiten nicht kennt, verpasst er auch die Gelegenheit, sie zu nutzen. Die Schaffung interner Wissenstransparenz umfasst die Feststellung des Status-Quo. Dabei treten viele, ansonsten kaum erkennbare Zusammenhänge, Kausalbeziehungen und Vernetzungen zutage. Standort-Geschäftserfolge ergeben sich nicht automatisch, sondern müssen gezielt angestrebt werden: in diesem Fall geht es um mehr Transparenz über erfolgswirksame Standortfaktoren. In einer Welt der Entscheidungen unter Unsicherheit schwächen durch Außerachtlassung von Möglichkeiten und Chancen verkürzte Szenarien die eigene Position. Auf die Dynamik eines sich laufend ändernden Umfeldes kann man sich am besten durch ein nach allen Seiten offenes System einstellen. Strategisches Denken ist daher einen fortlaufender Optimierungsprozess aus geistigen und kreativen Anstrengungen. Hierbei können nicht nur bestehende, sondern vor allem auch alle ansonsten potentiellen Chancen umfassend identifiziert und analysiert werden. Der Lohn ist nicht zuletzt auch mehr Entscheidungsfreiheit. Mit dem methodischen Ansatz einer hierfür zu entwickelnden Standortbilanz kann für die Chancen als Grundlage des Erfolges ein Spiel der Möglichkeiten eröffnet werden. Jeder Standort ist anders und weist ganz spezifische Bedingungen auf, die u.a. von klimatischen, geographischen, politischen und sozio-ökonomischen Bedingungen bestimmt werden. Die natürlichen Standortvorteile (Rohstoffvorräte, Hafennähe), die im Zeitalter der Industrialisierung noch bestimmte Standorte privilegiert hatten, spielen eine immer geringere Rolle, weniger Transportkosten verschaffen vergleichbaren Standorten damit eine relative Chancengleichheit. Unter den Standorten gibt es, heute mehr denn je, Gewinner und Verlierer. Von einem Strategie-Check auf Basis einer Standortbilanz wird besonders die Entwicklung von Filter- und Selektionsfunktionen zu erwarten sein, damit die Zunahme der Informationsschwemme nicht zu isolierter Kompliziertheit, sondern stattdessen zu entscheidungsrelevanten Informationen führt. Mit der Gleichzeitigkeit ungleicher Entwicklungen als Folge des wirtschaftlich-strukturellen Wandels steigt auch an vielen Orten die Notwendigkeit von Anpassungen durch einen Standortumbau. Standorte unterliegen einem dynamischen Wandel und Anpassungsdruck: insbesondere der richtige Umgang mit dem verfügbaren Standortkapital als Ressource wird für die Zukunft immer mehr zum entscheidenden Erfolgsfaktor. Um Erfolg zu haben, wird bei vielen zielorientierten Sachverhalten zunächst versucht, alle irgendwie damit zusammenhängenden Risiken zu identifizieren und nach Möglichkeit zu umgehen oder ganz auszuschalten. Eine einseitige Fokussierung auf das Risikomanagement drängt möglicherweise aber gleichzeitig vorhandene Chancen mit einer Ausschöpfung möglicher Potentiale zu sehr in den Hintergrund. Richtet sich alle Konzentration einseitig nur auf Ziele, hat man zwar einen Kompass mit klarer Anzeige vor Augen und kann sich an einer klaren Marschrichtung ausrichten und orientieren. Der Preis hierfür ist unter Umständen aber eine Verengung des Handlungs- und Entscheidungsfeldes, da der Blick auf möglicherweise vorhandene Optionen verstellt ist. Das Zusammenspiel zwischen Technologie, Talent und Toleranz ist entscheidend für die kreative Attraktivität eines Standortes. Kompetenznetzwerke können als Kommunikationsforen fungieren, die auch die Wettbewerbs- und Entwicklungsmöglichkeiten des Standortes verbessern können. An diesen Netzwerken beteiligen sich neben Unternehmen auch Vertreter aus Forschung und Bildung, aus Politik, Verwaltung und vielen anderen Bereichen (z.B. Kultur, Sport, Touristik u.a.). Der Vorteil für alle Beteiligten liegt in der Möglichkeit zum Informationsaustausch und dem Knüpfen von Geschäftskontakten (z.B. Ansprache neuer Kundenzielgruppen, Suche geeigneter Kooperationspartner). Kompetenznetzwerke können ebenfalls dazu beitragen, vorhandene Synergien und Innovationspotenziale auszuschöpfen.

Themen-Leitfaden

Standort-Check: fit für eine Standortbilanz? Den unkalkulierbaren Gefahren von „Standort-Blindflügen" kann am besten durch präzise und vollständige Vermessungen begegnet werden

Standort-Check: geeignet – ungeeignet? In vielen Fällen entscheidet das Humankapital über Erfolg oder Misserfolg eines Standortes, über die Werthaltigkeit von Gebäuden und Grundstücken

Standort-Check: Geschäftsumfeld, d.h. über welche zentralen Leistungsprozesse werden Ergebnisse der Standortentwicklung erzielt? Welche Standortergebnisse müssen mittelfristig erreicht werden, um das Leitbild zu erfüllen? Welche Vision hat der Standort für sich entwickelt?

Standort-Check: Gewichtung gebündelter Bewertungen. Im global vernetzten Wirtschafts- und Finanzgeschehen mit den für alle Beteiligten nahezu unbegrenzten Informationsmöglichkeiten und Datenquellen gibt es keine „Standort-Inseln". Jeder Standort steht somit direkt oder indirekt in Wirkungs- und teilweise Abhängigkeitsbeziehungen zu einer Vielzahl anderer Standorte

Standort-Check: Grundsatzfragen. Jede Kommunalverwaltung sowie jedes ortsansässige, ansiedlungsinteressierte oder existenzgründende Unternehmen muss für sich selbst herausfinden, ob damit alle individuellen Zwecke, Ziele und Anforderungen abgedeckt werden können

Wissensmanagement für eine Steuerung „weicher" Erfolgsfaktoren - Wirkungszusammenhänge auch mit nichtfinanziellen Kennzahlen analysieren

Standorte sind ein (lebendiges) System aus Menschen und gesellschaftlichen Organisationen, die in ständiger Wechselwirkung zueinander stehen

Ganzheitliches contra selektives Denken, um eine Scheinobjektivität mancher Evaluierungskriterien zu umgehen

Nur wer über alle Standortfaktoren genau im Bild ist und über sie Buch führt, vermag damit zusammenhängende Risiken und Chancen in einem ausgewogenen Verhältnis zu steuern

Informationstransfer immer nur mit leichter Sprache?

Menschen verändern sich schneller als die baulichen Strukturen. Aber schon heute müssen sich Kommunen der Herausforderung stellen: sich zu überlegen, welche Weichen sie heute stellen müssen, um möglichst günstige Rahmenbedingungen für eine angestrebte Entwicklung zu schaffen

Immer weniger Menschen vertrauen Statistiken

Zeitliche Realisierungsperspektive und Wirkungsmechanismen der Flächenkreislaufwirtschaft - ein Standort ist mehr als nur die Summe seiner Gebäude, Flächen oder Straßen

Technikfolgeabschätzung kommender Gegenwarte

Die Welt der Zahlen verspricht Reduktion von Komplexität - statistische Daten sind jedoch nicht naturgegeben, sondern von Menschen gemacht: ihnen liegen Interessen und Prämissen zugrunde, die nur in Verbindung mit qualifizierenden Argumenten zu sinnvollen Erkenntnissen führen

Wandel ist ein ständiges Fließen von Umgestaltung und ist nicht die Folge irgendeiner Kraft, sondern eine nahezu natürliche Tendenz, die allen Dingen und Situationen schon von Vornherein innezuwohnen scheint

Für die angemessene Darstellung von Analysen und Ergebnissen der Standortbeobachtung braucht es geeignete Instrumente - insofern ist jede Standortbeobachtung immer auch eine Fortsetzungsgeschichte mit offenem Ausgang

Der herausragende Einflussfaktor für fast alle wirtschaftlichen und sozialen Beziehungen ist die Digitalisierung

Im global vernetzten Wirtschafts- und Finanzgeschehen mit den für alle Beteiligten nahezu unbegrenzten Informationsmöglichkeiten und Datenquellen gibt es keine Standort-Inseln

Kommunen öffnen sich wirtschaftlichem Controlling - mit dem zugehörigen Instrumentarium eröffnen sich Möglichkeiten, frühzeitig Erfolgspotentiale sowie künftige Stärken und Schwächen aufzuspüren

In dynamischen Situationen kann eine nicht hinterfragte und gegebenenfalls korrigierte Schwerpunktbildung zu Einseitigkeiten und damit unangemessene Entscheidungen führen

Standortakteure müssen in der Lage sein, die für sie relevanten Themen möglichst frühzeitig zu erkennen- für einen nachhaltigen Standorterfolg gehört nicht zuletzt die Fähigkeit zur erzählerischen Aufladung und kreativen Thematisierung

Modelle für die Standortanalyse - die Wirklichkeit vereinfachende Konstrukte zur kritischen und objektiven Analyse realer, komplexer Probleme nutzen

Regionale Identitäten - grundsätzlich gibt es im Markt keine schlechten Standorte, sondern lediglich solche, die nicht für jede Nutzung und jedes Unternehmen geeignet sind

Neue soziale Zeitordnung

Wenn der Standort-Bildschirm zielgenau auf bestimmte Einzelaspekte ausgerichtet und „gezoomt" werden soll, muss dabei trotzdem zu jeder Zeit der systematische Gesamtzusammenhang gewahrt bleiben

In Standortdaten liegen noch viele ungehobene Schätze

Grundverständnis über die wesentlichen Geschäftsprozesse des Standortes und deren Bedeutung - die wesentlichen Themengebiete zur Wirtschaftsentwicklung des Standortes abbilden

Intellektuelle Anstrengung und Kompetenz bedeuten, alle Elemente, d.h. auch und gerade die nicht quantifizierbaren, in Entscheidungen einfließen zu lassen

Eine Bestandsaufnahme mit einer sorgfältigen Identifikation und Evaluation kritischer Fähigkeiten ist eine unerlässliche Voraussetzung für das Management der Standortressourcen - das Instrument einer Standortbilanz ermöglicht die ansonsten sehr aufwendige Analyse von Kausalnetzen, deren Knoten innerhalb und außerhalb des Standortes liegen können

Strategisches Denken und Planen – eine Symbiose zwischen Management der Chancen und Management der Risiken optimieren

Was ist dran an der Theorie zur Bedeutung von Wissens- und Humankapital für den Wohlstand eines Standortes?

Intangibles mit Zukunft - nicht alles, was wichtig ist, muss immer auch zu messen sein

Sektorale Struktur mit Lokationsquotient und Spezialisierungsvorteilen regionaler Wertschöpfungsketten

Standorte brauchen Kompetenznetzwerke - den Wettbewerb um kreative Köpfe gewinnen nur Standorte mit Chancenpotenzial

Digitalisierung prägt Informationskulturen mit Nebenwirkungen von ökonomischen und gesellschaftlichen Veränderungen - Kommunikationsrevolution mit Wissensnutzung für kreative Freiräume

Standort-Check: fit für eine Standortbilanz?
Den unkalkulierbaren Gefahren von „Standort-Blindflügen" kann am besten durch präzise und vollständige Vermessungen begegnet werden

Standortbezogene Entscheidungsumfelder sind laufenden Veränderungen unterworfen: durch die Globalisierung erweiterte Wirtschaftsräume, durch das Internet neue Interaktions- und Veränderungsdynamiken. Durch die multidimensionale Verflechtung zwischen Wirtschaft und Gesellschaft, gibt es immer weniger Ereignisse, die nicht in der einen oder anderen Form auch immer einen (direkt oder indirekt) tangieren würden. Es gibt keine guten oder schlechten Standorte. Es gibt nur geeignete oder ungeeignete Standorte. Der geeignete Standort ist alles, ohne den geeigneten Standort ist alles nichts. Die Eignung eines Standortes zeigt sich weder dem nach ihm Suchenden noch dem bereits vor Ort Ansässigen immer schon auf den ersten Blick. Suchende und Ansässige benötigen zu ihrer Sicherheit eine möglichst genaue und transparente Vermessung des Standortes. Die politisch und fachlich Verantwortlichen eines Standortes sollten bestmögliche Hilfen und Informationen bieten, um Interessenten wie Ansässigen oft existenzbestimmende Standortentscheidungen soweit als nur möglich zu erleichtern. Beide Gruppen sollten ihrerseits die möglichen Instrumente und Arbeitshilfen nutzen, um sich selbst ein genaues Bild von der Gesamtbilanz des Standortes zu machen. Ein möglichst realitätsgetreues Bild des Standortes muss aus den oft sehr verschiedenen Blickrichtungen eines Betrachters, also vor Ort ansässigen Unternehmen, kommunalen Verwaltungsstellen, ansiedlungs- und investitionsinteressierten Firmen oder Personen und Existenzgründern, zusammengefügt werden. Die Frage des richtigen, d.h. am besten geeigneten Standortes ist für Unternehmen zu wichtig, als dass man sie an Dritte delegieren oder auf eine von Zeit zu Zeit notwendige Überprüfung verzichten könnte. Jeder Strategie-Check des Unternehmens sollte deshalb immer auch die Standortfrage mit einschließen. Denn einmal getroffene Standortentscheidungen lassen sich, auch wenn sie „suboptimal" sind, nur schwer korrigieren. Nur wer über alle Standortfaktoren genau im Bild ist und über sie Buch führt, vermag damit zusammenhängende Risiken und Chancen in einem ausgewogenen Verhältnis zu steuern. Standortbilanzen können aus unterschiedlichen Sichtweisen (z.B. Innen- oder Außenbetrachtung), von unterschiedlichen Personen oder Stellen, für unterschiedliche Standorte oder auch nur Bereiche hiervon, für unterschiedliche Zeiträume und Zeitpunkte aufgenommen und zusammengestellt werden. Aufbau und Struktur bleiben hiervon unabhängig immer gleich. Durchgängig bruchfreie Systematik und Abstimmbarkeit:einheitliche Abgrenzung und Zuordnung auf Faktoren-Cluster, einheitliche Bewertungsmethoden nach Quantität, Qualität und Systematik, eindeutige Zuordnung von Indikatoren von Standortfaktoren, einheitliche Definition und Interpretation von Indikatoren, eindeutige Zuordnung von von Maßnahmen, eindeutige Verknüpfung von Faktoren nach Wirkungsstärke und −dauer, alle Einzel-Tatbestände im System durchgängig abstimmfähig, zeitlich oder lokal unterschiedliche Standortbilanzen immer vergleichbar.

Standort-Check: geeignet – ungeeignet? In vielen Fällen entscheidet das Humankapital über Erfolg oder Misserfolg eines Standortes, über die Werthaltigkeit von Gebäuden und Grundstücken

Kaum eine Einzelperson verfügt über genug Wissen, um sämtliche Möglichkeiten der ungeheuren Komplexität von Standorten noch sicher verstehen und kontrollieren zu können. Wer aber das umgebende Geschehen nicht mehr vollständig erfassen kann, muss Wissenslücken, Zielkonflikte und Kontrollverluste in Kauf nehmen. Denn jeder Standort ist anders und weist ganz spezifische Bedingungen auf, die u.a. von klimatischen, geographischen, politischen und sozio-ökonomischen Bedingungen bestimmt werden. Die natürlichen Standortvorteile (Rohstoffvorräte, Hafennähe u.a.), die im Zeitalter der Industrialisierung noch bestimmte Standorte privilegiert hatten, spielen eine immer geringere Rolle, weniger Transportkosten verschaffen vergleichbaren Standorten damit eine relative Chancengleichheit. Unter den Standorten gibt es, heute mehr denn je, Gewinner und Verlierer: an einem Standort Bilder von überfüllten Kindergärten, Schulen, Wohnungen und Büros und leeren an einem anderen Standort. Aufgrund einer Disparität von Standortentwicklungen stehen schrumpfende Standorte auf der anderen Seite wachsenden Regionen gegenüber. Mit der Gleichzeitigkeit ungleicher Entwicklungen als Folge des wirtschaftlich- strukturellen Wandels steigt auch an vielen Orten die Notwendigkeit von Anpassungen durch einen Standortumbau. Im harten Wettbewerb um die Ansiedlung von Unternehmen genügt potentiellen Investoren der Verweis auf die Prosperität, hervorragende Infrastruktur und geografische Lage nicht mehr. Es geht um die Lösung von Fragen wie beispielsweise: wie kann der Standort mit der Dynamik des ihn umgebenden Umfeldes mithalten? aus welchen individuellen und kollektiven Standortfaktoren setzt sich das Kapital des Standortes zusammen, auf das er bei der Lösung seiner Aufgaben zurückgreifen kann? sind die notwendigen Fähigkeiten vorhanden, um das vorhandene Potenzial produktiv nutzen zu können? wie kann man die vorhandenen Erfolgsfaktoren des Standortes bündeln und konzentrieren? Die Wirtschaftsförderung braucht daher neue Impulse, um in ihrem Bereich die Zukunft von Arbeitsplätzen zu sichern. Der Standort unterliegt einem dynamischen Wandel und Anpassungsdruck: insbesondere der richtige Umgang mit dem verfügbaren Standortkapital als Ressource wird für die Zukunft immer mehr zum entscheidenden Erfolgsfaktor. D.h.: die vorhandenen Ressourcen müssen auf den Ausbau und die Weiterentwicklung des Standortes optimiert werden. Gegenüber dem Management klassischer Produktionsfaktoren hat das Management der Standortfaktoren (speziell der "weichen Standortfaktoren" wie beispielsweise Image als Wirtschaftsstandort, Image als Wohnstandort, Umwelt, Lebensqualität und Sicherheit, unternehmensfreundliche und flexible Verwaltung) seine Zukunft noch vor sich. Verantwortliche für Standorte wie Standortanalysten in Unternehmen wären gut beraten, eine eigene Indikatorkompetenz mit einem zeitnah aktualisierten Daten- und Informationspool einzurichten. Kernelement der Standortstrategie ist die verbindliche Vereinbarung und Festlegung von Zielen. Dieses wiederum ist die Grundlage für alle operativen Umsetzungsaktivitäten. Insbesondere geht es darum, wie und welche „weichen" Standortfaktoren nachhaltig weiterentwickelt werden sollten. Für das Standortumfeld erkannte Möglichkeiten und Risiken sollten zur Vision und Strategie in Bezug gesetzt werden. Die Standortstrategie soll dann beschreiben, wie künftig am Markt agiert werden soll sowie welche Investitionen und Maßnahmen hierfür vorgesehen sind. Die Strategie beschreibt zukünftige Aktionen. Dabei ist auf die Einhaltung der Reihenfolge: Ziel--Weg----Erfolg zu achten. In einer zahlenorientierten Finanzwelt reichen zu einer detaillierten Standortbeurteilung nur verbale Darstellungen nicht aus. Eine der Hauptursachen, warum komplizierte, da an vielen Stellen miteinander vernetzte Sachverhalte des Standortes bislang so wenig greifbar gemacht werden konnten, liegt in der komplizierten Bewertung und Messung immaterieller sogenannter weicher Faktoren begründet. Für Standorte geht es aber gerade darum, anhand von immateriellen Faktoren eine Marktposition zu erobern. Die richtige Positionierung basiert aber nicht nur auf materiellen oder immateriellen Standorteigenschaften, sondern auch auf der Zielrichtung, d.h. dem Finden der richtigen Zielgruppe. Wenn die Wirtschaftsförderung Bemühungen auf bestimmte Segmente konzentriert, ist es leichter, spezifische Anforderungen von Investoren zu verstehen und sich hierauf einzustellen. Dies erhöht die Erfolgsaussichten.

Standort-Check: Geschäftsumfeld, d.h. über welche zentralen Leistungsprozesse werden Ergebnisse der Standortentwicklung erzielt? Welche Standortergebnisse müssen mittelfristig erreicht werden, um das Leitbild zu erfüllen? Welche Vision hat der Standort für sich entwickelt?

Die traditionellen Planungsmethoden und Managementberichte müssen daher auf die neuen Anforderungen des Informations- und Wissenszeitalter hin angepasst und ausgerichtet werden. Hierfür muss ein barrierefreier Austausch erfolgsrelevanter Informationen über funktionale Grenzen hinweg sichergestellt werden. Voraussetzung ist eine genaue und detaillierte Analyse aller zugrunde liegender Ursache-Wirkungs-Beziehungen. Welche Chancen und Risiken beeinflussen das Geschehen am Standort? Welche aktuellen Entwicklungen im Geschäftsumfeld (z.B. neue Wettbewerber, neue Technologien, neue Gesetze) gibt es? Wie sieht der Markt für potentielle, zukünftige Investoren, Arbeitskräfte aus? Wie ist die Wettbewerbssituation im Vergleich mit anderen Standorten? Welche Chancen gibt es, um sich am Markt zu verbessern? Welche Risiken liegen im Geschäftsumfeld, die den Standort negativ beeinflussen können? Wie sind die technologischen Rahmenbedingungen? Gibt es politische Rahmenbedingungen, die beachtet werden müssen? Wie sieht das soziale Umfeld am Standort aus? Wie ist die aktuelle Konjunkturlage? Welche Chancen und Risiken beeinflussen die wirtschaftliche Entwicklung des Standortes? Welche aktuellen Entwicklungen gibt es im näheren/weiteren Umfeld des Standortes? Welche Möglichkeiten gibt es für potentielle Ansiedler? Wie ist die Wettbewerbssituation zu Standortkonkurrenten? Welche Chancen werden gesehen, um den Standort besser zu positionieren? Welche Einzelrisiken können den Standort negativ beeinflussen? Welche Zielgruppen bedient das Standortmarketing? Welche Informationsbeschaffung/ -quellen mit breiter, aussagefähiger Basis gibt es? Wer sind die direkten Standortkonkurrenten? Wie sind die strukturellen, politischen Rahmenbedingungen für die Standortentwicklung? Wie sieht am Standort das soziale Umfeld aus? Was will der Standort erreichen? Welche Position am Markt will der Standort einnehmen? Welche übergeordneten, langfristigen Ziele sollen verfolgt werden? Gibt es eine explizite Standortvision? Welche Strategien passen am besten zur Standort-Vision? Welches Leitbild passt am besten zum eigenen Standort? Was hat den Standort in der Vergangenheit stark gemacht? Welches Wissen wird konkret benötigt und ist unbedingt notwendig, um am Markt erfolgreich zu sein? Wie muss das Wissen in Bezug auf Investoren und Wettbewerbsfähigkeit entwickelt werden? Welche neuen Geschäftsfelder sollen in Zukunft auf-/ausgebaut werden? Welche Bereiche sollen zurückgefahren oder abgeschafft werden? Was verlangen Ansiedlungsinteressenten und Bestandsunternehmen? Was braucht der Existenzgründer? Wie sieht es unter der Oberfläche aus (alles, was man nicht sofort auf den ersten Blick sieht und schon gar nicht systematisch erfasst, bewertet, gemessen hat)? Wie sieht es hinter der Fassade des Standortes aus? Wie funktioniert wirklich das eigendynamische Innenleben dieses spezifischen Standortes? An welchen Stellen des Wirkungsnetzes der Standortfaktoren könnte man vorrangig intervenieren, um mit begrenzten Ressourcen durch Identifizierung, Berechnung von Hebelwirkungen/ -effekten das Optimale für den Standort zu bewirken? Hat der Standort die Möglichkeit, die Ausprägungen seiner eigenen Standortfaktoren mit anderen Standorten zu vergleichen? Wo steht der eigene Standort im Wettlauf um die klügsten Köpfe und innovativsten Ideen? Was hat den Standort stark gemacht? Welches Wissen wird konkret benötigt und ist unbedingt notwendig, um am Markt erfolgreich zu sein? Wie muss das Wissen in Bezug auf Investoren und Wettbewerbsfähigkeit entwickelt werden? Welche neuen Geschäftsfelder sollen in Zukunft auf-/ausgebaut werden? Welche Bereiche sollen zurückgefahren oder abgeschafft werden? Erfüllt der Standort die Mindestkriterien des jeweiligen Anforderungsprofils? Was macht das Besondere dieses Standortes aus und wie ist dieses Besondere zu bewerten? Welche dynamischen Beziehungen wirken zwischen einzelnen Standortfaktoren? Mit welcher Zeitdauer werden diese Beziehungen wirksam? D.h., wie sieht das Innenleben des Standortes hinter seiner Fassade aus? Kann der erste Eindruck mit detaillierten Fakten untermauert werden? Welches Gewicht sollte aus individueller Sicht einem bestimmten Standortfaktor gegeben werden? Ist für die Beurteilung eines Faktorenwertes dessen absolute Größe oder eher die Relation der Werte zueinander von größerer Bedeutung?

Standort-Check: Gewichtung gebündelter Bewertungen. Im global vernetzten Wirtschafts- und Finanzgeschehen mit den für alle Beteiligten nahezu unbegrenzten Informationsmöglichkeiten und Datenquellen gibt es keine „Standort-Inseln". Jeder Standort steht somit direkt oder indirekt in Wirkungs- und teilweise Abhängigkeitsbeziehungen zu einer Vielzahl anderer Standorte

Immaterielle Ressourcen sind (anders als klassische Kapitalarten und Bilanzaktiva) nicht monetär bewertbar. Das Intellektuelle Kapital beruht auf dem Wissen und Können, der Kreativität und Kooperationsbereitschaft von Menschen (und ist daher personengebunden). Es gibt keine Besitzrechte an nicht bewertbaren, personengebundenen Ressourcen. Die Entwicklung eines Standortes ist eng mit der Entwicklung von Innovationsfähigkeit verknüpft. Da sich der Innovationsoutput schwerer messen lässt, sollte der Innovationsinput (beispielsweise Ausbildungsstand des Humankapitals, Ausgaben für Forschung & Entwicklung) als indirekte Messgröße erhoben werden. Die Entwicklung eines Standortes wird im Zeitalter der Globalisierung weiterhin wesentlich durch seine Erreichbarkeit bestimmt. Eine gute Verkehrsanbindung ist heute für nahezu alle konkurrenzstarken Standorte gegeben. Sie wird mehr oder weniger als gegeben vorausgesetzt. Steuern stellen sowohl für Unternehmen als auch für Arbeitnehmer eine wichtige Kostenkomponente dar. Im Standortwettbewerb spielt die Höhe der Hebesätze eine große Rolle. Regulierung: untersucht werden sollte die Regulierungsdichte einschließlich bremsender oder fördernder Auswirkungen sowohl auf Produktmärkten als auch auf dem Arbeitsmarkt. Die Steuer-Konkurrenz findet nicht nur international sondern auch direkt vor der eigenen Haustür von Kommune zu Kommune statt. Es reicht daher nicht aus, nur über das Geschehen am eigenen Standort genauestens im Bilde zu sein. Man muss sich zusätzlich darüber Klarheit verschaffen, wen man als Konkurrenten zu beobachten hat und was sich in der direkten Nachbarschaft, d.h. in einem Umkreis von ca. 100 km abspielt. Das Standortmarketing muss weit über den eigenen Tellerrand hinausschauen und jegliches Kirchturm-Denken vermeiden. Die Wirtschaftsförderung darf neben lokalen weder bundesweite noch internationale Aspekte aus ihrem Radarschirm verlieren. Aus methodischer Sicht bieten sich zwei miteinander verwandte Instrumente an: Konkurrenzanalyse und Benchmarking. Es kommt auch darauf an, dem Geheimnis erfolgreich agierender Standorte auf die Spur zu kommen. Greift der Standort auch auf Fremdeinschätzungen zurück, so wird er quasi automatisch dazu gezwungen, sich nicht ständig immer nur von innen, sondern verstärkt durch die Brille des Marktes (von potenziellen Ansiedlern, Investoren u.a.) zu betrachten. Die an Entscheidungsprozessen beteiligten Schlüsselpersonen des Standortes gewinnen damit Kernindikatoren und Maßstäbe, die ihnen wertvolle Hinweise liefern können, was intern zu machen ist, um den Erwartungen des Marktes zu genügen. Mit Hilfe einer dem Punktezettel beim Boxen ähnlichen Ergebnistafel (Scorecard) kann aus verschiedenen Perspektiven festgehalten werden, was der Standort in der Berichtsperiode zuwege gebracht hat und wo er im Wettbewerb steht. Einen solchen Erhebungs- und Berichtsbogen kann man sich wie die Instrumententafel im Cockpit eines Flugzeuges vorstellen: D.h. für die komplizierte Aufgabe des Navigieren und Steuern benötigen die Piloten (standortverantwortliche Entscheidungsträger) detaillierte Daten über zahlreiche Umstände des Fluges (Standortes). Sie müssen informiert sein über Treibstoff, Geschwindigkeit, Höhe, Luftdruck, Flugziel und andere Messwerte, die insgesamt ihr derzeitiges und erwartetes Umfeld beschreiben (sich nur auf ein einziges Instrument zu verlassen, kann dabei risikoreich sein). Zuvor identifizierte Standortfaktoren werden also in Form einer Punkte-Bewertung anhand von vorher festzulegenden Beurteilungskriterien beurteilt: für den Standort (und ggf. im Vergleich hierzu für weitere Standortkonkurrenten) könnten auf einer Punkteskala (beispielsweise von 0 = Standortfaktor nicht vorhanden/ erfüllt bis 12 = bestmögliche Erfüllung des Standortfaktors) entsprechende Bewertungen vergeben werden. Bei näherem Hinsehen reicht es aber nicht aus, jeden Standortfaktor nur auf einer Punkteskala zu bewerten und die sich hieraus ergebenden Punktwerte dann einfach aufzuaddieren. Für den speziellen und konkreten Einzelfall wäre die für einen Standort so errechnete Gesamt-Bewertungssumme wenig aussagekräftig. Unter bestimmten Bedingungen könnte ein solches Vorgehen auch zu Fehlinterpretationen verleiten oder sogar zu Falschbewertungen führen. Es gilt daher die Frage zu klären: welcher Standortfaktor ist besonders wichtig, welcher vielleicht weniger wichtig? Im Wege von Fremdbilderhebungen und Konkurrenzanalysen taucht somit zwangsläufig das Problem der unumgänglichen Gewichtung von Standortfaktoren auf: unabhängig davon, ob eine Bewertung im Wege der Eigenbild- oder Fremdbildanalyse erstellt werden soll bleibt damit ein weiteres Problem zu lösen: aus Sicht des individuellen Nachfragers, d.h. beispielsweise eines ansiedlungsinteressierten Unternehmens stellt sich auch jeder Standortfaktor von mit einer von Fall zu Fall sehr unterschiedlichen Bedeutung dar. Um das Verfahren der Punktebewertung weiter zu verfeinern, kann man zusätzlich jeden Standortfaktor entsprechend seiner Bedeutung (im Allgemeinen prozentual ausgedrückt) gewichten. Das Verfahren kann jeweils nach individuellen Wünschen und Anforderungen eines Standort-Interessenten angepasst werden. Wird jedoch eine Vielzahl von Einzelfaktoren nur einfach gewichtet, so würde sich eine reine Addition der hieraus errechneten Bewertungsziffern zu sehr dem oben als nicht ausreichend erkannten Punktebewertung-Verfahren angleichen. Mehr Aussagekraft durch Gewichtsstufen- Bewertungsverfahren: das Bewertungsverfahren für Standortfaktoren sollte daher in einer weiteren, zweiten Gewichtungsstufe noch zusätzlich ausgebaut und verfeinert werden (= Gewichtsstufen-Bewertungsverfahren). 1. Stufe: jedem Standortfaktor wird ein Punktwert von beispielsweise 1 – 12 zugeordnet, die so verteilten Punktwerte werden zu einer Gesamt-Punktzahl für den jeweiligen Standort aufaddiert. 2. Stufe: in einem weiteren Schritt wird jeder Standortfaktor entsprechend seiner Bedeutung prozentual gewichtet, jede für einen Standortfaktor zuvor vergebene Punktzahl wird mit diesem Gewichtungsfaktor multipliziert und die so neu ermittelten Punktzahlen wieder zu einem Gesamtwert für den jeweiligen Standort aufaddiert. 3. Stufe: auf der letzten Beurteilungsstufe wird zusätzlich jede zusammengefasste

Standortfaktoren-Gruppe nochmals für sich selbst gewichtet. Hieraus ergibt sich eine Standort- Bewertungsziffer mit erhöhter Aussagekraft. Der Standortentscheider kann seine persönlichen Bewertungen, Gewichtungen mit den errechneten Bewertungsziffern abgleichen.

Standort-Check: Grundsatzfragen. Jede Kommunalverwaltung sowie jedes ortsansässige, ansiedlungsinteressierte oder existenzgründende Unternehmen muss für sich selbst herausfinden, ob damit alle individuellen Zwecke, Ziele und Anforderungen abgedeckt werden können

Es geht um die Fähigkeit, neues Wissen zu erkennen und zielführend verarbeiten zu können. Je komplexer sich dieses Umfeld darstellt desto mehr brauchen Entscheidungsträger Horizonte und Handlungsspielräume (kurzfristig Orientierte können leicht Entwicklungen übersehen, die frühzeitige Weichenstellungen erfordern). Bevor für einen Standort ein umfassendes Diagramm- und Auswertungspaket entwickelt und zusammengestellt werden kann, sollte Klarheit über einige Grundsatzfragen geschaffen werden. Hierzu gehören beispielsweise auch Antworten auf folgende Fragen: erfüllt der Standort die Mindestkriterien des jeweiligen Anforderungsprofils? Was macht das Besondere dieses Standortes aus und wie ist dieses Besondere zu bewerten? Welche dynamischen Beziehungen wirken zwischen einzelnen Standortfaktoren? Mit welcher Zeitdauer werden diese Beziehungen wirksam? D.h., wie sieht das Innenleben des Standortes hinter seiner Fassade aus? Kann der erste Eindruck mit detaillierten Fakten untermauert werden? Welches Gewicht sollte aus individueller Sicht einem bestimmten Standortfaktor gegeben werden? Ist für die Beurteilung eines Faktorenwertes dessen absolute Größe oder eher die Relation der Werte zueinander von größerer Bedeutung? Es gibt unzählige Standortstudien und -Monitore. Nach dem Studium und der Auswertung vieler solcher Standort-Berichte haben sich einige

Kernfragen herauskristallisiert, zu denen die entsprechenden Antworten Hinweise geben können, ob die verfügbaren Informationsunterlagen für eventuelle Standortentscheidungen ausreichend sind. Entscheidend hierfür sind eindeutige Ja-Antworten auf folgende Kernfragen: Vollständigkeit?, Gewichtung?, Relationen und Wirkungsbeziehungen?, Potentiale und Handlungsempfehlungen?, Eigenbild- und Fremdbildvergleiche?, Bewertungen mit verschiedenen Dimensionen? Eine Standortbilanz befasst sich vor allem mit der Bewertung und Messung immaterieller Sachverhalte, also allen „Intangibles" einer ganzen regional abgegrenzten Einheit. Obwohl dabei versucht wird, größtmögliche Transparenz und (auch quantitative) Nachvollziehbarkeit durch Annäherung an finanzübliche Sichtweisen herzustellen, kommt es nicht so sehr auf die absolute Höhe oder Richtigkeit der Bewertungszahlen an. Für den überwiegenden Teil der Standortfaktoren sind ohnehin keine Käufe oder Verkäufe möglich. Es existiert kein Markt für Standortfaktoren, auf dem sich ein in Euro und Cent ausdrückbarer Marktpreis darstellen ließe. Wirtschaftsförderer und Standortentscheider können mehr Informationsgewinn eher aus der richtigen Relation und Korrelation zwischen den jeweils identifizierten Standortfaktoren untereinander gewinnen. In dem Konzept der Standortbilanz erfolgt die Bewertung von 1. Geschäftsprozessen, 2. Geschäftserfolgen, 3. Humankapital, 4. Strukturkapital und 5. Beziehungskapital des Standortes gemäß einer QQS-Bewertung (Quantität- Qualität-Systematik). Jeder der zuvor identifizierten und beschriebenen Standortfaktoren wird für sich nach den Dimensionen Quantität (Qn), Qualität (Ql) und Systematik (Sy) bewertet und muss im Rahmen der Vorgehenssystematik ein 3-stufiges Bewertungsschema durchlaufen. Hierbei ist im Rahmen der Standortbilanzierung die Selbstbewertung ein Schlüsselprozess, der eine Plattform für die Diskussion und Erarbeitung von Themen liefert, mit denen die Wirtschaftsförderung konfrontiert wird und sichert die Mitwirkung und das Engagement von Schlüsselpersonen. Damit ist die Selbstbewertung auch ein leistungsfähiger Mechanismus zur Einführung und Unterstützung von Verbesserungsmaßnahmen. Als Vorteile im Detail bietet das Instrument der Selbstbewertung u.a.: einen gründlichen, strukturierten Ansatz für Verbesserungsaktivitäten, eine Bewertung auf Grundlage von Fakten statt individueller Wahrnehmungen, ein Instrument zur Festlegung eines Orientierungsrahmens und zur Konsensfindung hinsichtlich notwendiger Maßnahmen, ein leistungsfähiges Diagnoseinstrument, eine objektive Bewertung anhand von praxisbewährten Kriterien, ein Mittel zur Messung der im Zeitablauf erzielten Fortschritte, ein Instrument, das die Verbesserungsaktivitäten auf diejenigen Bereiche konzentriert in denen sie am nötigsten sind, eine Methode, die sich auf allen Ebenen anwenden lässt 8von einzelnen Bereichen bis hin zum Gesamtstandort), eine Chance zur Förderung und zum Austausch erfolgreicher Methoden.

Wissensmanagement für eine Steuerung „weicher" Erfolgsfaktoren - Wirkungszusammenhänge auch mit nichtfinanziellen Kennzahlen analysieren

Für eine nachhaltige Standortentwicklung muss in einer Wertposition festgelegt werden, wie man langfristig Werte schaffen will. Um die Ressource „Wissen" bewerten und rentabilitätssteigernd ausschöpfen zu können, muss zuvor das relevante Wissen lokalisiert werden. Ziel ganzheitlichen Denkens und Handelns muss sein, die Wertschöpfungskette so zu gestalten, dass keine Werte vernichtet werden und es gelingt, in mehreren Dimensionen erfolgreich zu sein, Aktivitäten sich gegenseitig unterstützen, spezifische Wertpositionen auch langfristige gesichert werden können, alternative Wertpositionen anhand verschiedener Szenarien analysiert werden können. Und: die Wirkungszusammenhänge zwischen verschiedenen Kapitalien (Humankapital, Strukturkapital, Intellektuelles Kapital, Beziehungskapital, Finanzkapital) identifiziert und bewertet werden, die Wirkungszusammenhänge zwischen finanziellen und nichtfinanziellen Steuerungsgrößen identifiziert und bewertet werden. Im konkreten Einzelfall müssen unterschiedliche Kennzahlen entwickelt werden, mit denen nicht nur kurzfristige sondern auch langfristige, nachhaltige Perspektiven erfasst werden können.

D.h. innerhalb eines ganzheitlichen, strategiebezogenen Modells werden betriebswirtschaftliche und nichtfinanzielle Konzepte miteinander gekoppelt. Dabei wird in einer Standortbilanz insbesondere das nicht direkt greifbare Vermögen dargestellt. Obwohl dieses intellektuelle Kapital nicht direkt greifbar ist, ist es für den zukünftigen Erfolg eines Standortes von entscheidender Bedeutung, d.h. die systematische Steuerung solcher "weichen" Erfolgsfaktoren rückt immer stärker in den Vordergrund. Nachdem es heute weitgehend gelungen ist, Faktoren wie Haushalt, Finanzen, Bildung, Infrastruktur u.a. zu systematisieren, besteht ein weiteres Problem darin, auch solche Faktoren wie Innovations- und Wissenspotentiale mit nachvollziehbaren Fakten und Indikatoren zu unterlegen. Dabei haben nicht nur Standorte selbst, sondern immer mehr auch externe Gruppen (z.B. potenzielle Investoren, Standortakteure u.a.) ein Interesse an größtmöglicher Transparenz aller Strukturen und Kompetenzen, welche die zukünftige Entwicklung nachhaltig beeinflussen könnten.

Standorte sind ein (lebendiges) System aus Menschen und gesellschaftlichen Organisationen, die in ständiger Wechselwirkung zueinander stehen

Ein Standort ist ein sich ständig veränderndes und entwickelndes System, abhängig von den sich wandelnden ökonomischen und gesellschaftlichen Systemen, in die er eingebettet ist. Will man die zahllosen Wirkungsbeziehungen verstehen, braucht man ein selbst wandlungsfähiges Gedankengebäude, das sich zeitnah neuen Situationen anpassen kann. Man muss sich die Frage stellen, ob es eine Standortökonomie geben kann, die nicht ausschließlich auf Messungen beruht. Kann es ein Verständnis der Wirklichkeit geben, das Qualitätsmaßstäbe, Ideen und Erfahrungen einbezieht und dennoch wissenschaftlich ist? Unabhängig von solchen Überlegungen sollte Standortwissen immer auf systematischer Beobachtung beruhen und sollte durch folgerichtige (begrenzte und annähernde) Modelle abgebildet werden können. Für die Erarbeitung von Modellen sind empirische Grundlagen erforderlich, d.h. man braucht (darf) sich auf dem Weg zu einer Erkenntnis nicht auf Messungen und quantitative Analysen beschränken.

Nachhaltige Lösungsansätze für Standorte werden sich ohnehin mehr mit Qualitäten als mit Quantitäten beschäftigen und mehr auf gemeinsamen Erfahrungen als auf (wie auch immer durchgeführten) Messungen beruhen. Die Erfahrungsstrukturen, welche die Daten einer solchen Standortbetrachtung liefern, können nicht als fundamentale Elemente quantifiziert oder analysiert werden und müssen stets in unterschiedlichem Maße subjektiv sein. Andererseits müssen die mit diesen Daten verbundenen Begriffsmodelle logisch stimmig sein, wie alle wissenschaftlichen Modelle, und können sogar quantitative Elemente enthalten. Standorte sind ein (lebendiges) System aus Menschen und gesellschaftlichen Organisationen, die in ständiger Wechselwirkung zueinander stehen. In einem komplexen Gewebe aus wechselseitigen Abhängigkeiten existieren in kontinuierlichen (fluktuierenden) Zyklen zahllose selbstregulierende Mechanismen. Dabei sind lineare Zusammenhänge von Ursache und Wirkungen nicht immer klar und eindeutig zu identifizieren.

Insofern können auch lineare Modelle nicht immer weiterhelfen, um die funktionalen Zusammenhänge zwischen eingebetteten gesellschaftlichen und ökonomischen Systemen (und ihren Technologien) zu beschreiben. Das Kernstück dieser „Systemweisheit" ist die Erkenntnis der nichtlinearen Natur aller Systemdynamik. Die Erkenntnis, dass die Dynamik eines Standortes von Fluktuationen beeinflusst (getrieben) wird. Ein Zustand des Ungleichgewichts ist zum großen Teil eine Folge undifferenzierten Wachstums. Die Analyse von Standortphänomenen braucht die Zusammenarbeit unterschiedlicher Denkrichtungen. Es müssen verschiedene Methoden und Perspektiven unterlegt werden, man muss sich im Rahmen umfassender Analysen auf verschiedene Systemebenen konzentrieren, um unterschiedliche Aspekte und Auswirkungen wirtschaftlicher Aktivitäten herausstellen zu können.

Manche Vordenker sehen ein Stadium von Standortentwicklungen voraus, in dem die Kosten bürokratischer Koordination und der Unterhaltung des gesamten Apparates die Produktivität eines Standortes übersteigen und das ganze System sich durch sein eigenes Gewicht und seine Komplexität selbst lähmt. Andererseits seien aber in dauernder Wechselwirkung mit ihrer Umwelt stehende Systeme auch in der Lage, ihre Komplexität zu steigern, indem sie ihre strukturelle Stabilität zugunsten von Flexibilität aufgeben. Die Entwicklung eines Standortes wird in diesem Denkmodell daher nicht nur von der Verfügbarkeit bestimmter Ressourcen und gesellschaftlichen Institutionen (d.h. von seiner Komplexität) abhängen, sondern auch von seiner Flexibilität und seinem Wandlungspotenzial.

Auch ein Standort unterliegt einem dynamischen Wandel und Anpassungsdruck: insbesondere der richtige Umgang mit dem verfügbaren Standortkapital als Ressource wird für die Zukunft immer mehr zum entscheidenden Erfolgsfaktor. D.h.: die vorhandenen Ressourcen müssen auf den Ausbau und die Weiterentwicklung des Standortes optimiert werden. Gegenüber dem Management klassischer Produktionsfaktoren hat das Management der Standortfaktoren (speziell der "weichen Standortfaktoren" wie beispielsweise Image als Wirtschaftsstandort, Image als Wohnstandort, Umwelt, Lebensqualität und Sicherheit, unternehmensfreundliche und flexible Verwaltung) seine Zukunft noch vor sich. Im harten Wettbewerb um die Ansiedlung von Unternehmen genügt potentiellen Investoren der Verweis auf die Prosperität, hervorragende Infrastruktur und geografische

Lage nicht mehr. Es geht um die Lösung von Fragen wie beispielsweise: wie kann der Standort mit der Dynamik des ihn umgebenden Umfeldes mithalten? aus welchen individuellen und kollektiven Standortfaktoren setzt sich das Kapital des Standortes zusammen, auf das er bei der Lösung seiner Aufgaben zurückgreifen kann? sind die notwendigen Fähigkeiten vorhanden, um das vorhandene Potenzial produktiv nutzen zu können? wie kann man die vorhandenen Erfolgsfaktoren des Standortes bündeln und konzentrieren? Die Wirtschaftsförderung braucht daher neue Impulse, um in ihrem Bereich die Zukunft von Arbeitsplätzen zu sichern.

Immer wenn sich das strukturelle Umfeld von Standorten grundsätzlich ändert, gibt es nicht nur Gewinner, sondern auch manche Verlierer. So wie in den USA der Rostgürtel oder die früheren britischen Industrieviere. Und auch der so oft hochgepriesene Wirtschaftsstandort Deutschland besteht nicht nur aus wachsenden Boom-Regionen. Standorte mit Autofabriken sind (bisher) stark, das Ruhrgebiet hat zu kämpfen und Schattenseiten der Globalisierung sind in der Südwestpfalz zu besichtigen: leer stehende Fabriken zeugen wie Denkmäler von vergangenen Blütezeiten. Selbst das Ruhrgebiet hat als „rostiges Herz" der Republik weniger Verluste als der Standort ehemaliger Schuhfabriken (Pirmasens) zu beklagen. Zu sehr hatte man sich dort auf ein einziges Standbein verlassen. Mit den billigeren Schuhen aus Osteuropa und China war der Niedergang daher umso drastischer: „wirtschaftlich gesehen ist die Südwestpfalz zum Osten des Westens mutiert." Inmitten einer idyllischen Hügellandschaft ist jeder dritte Arbeitsplatz entfallen, die Region muss einen gewaltigen Strukturwandel mit vielen negativen Begleitumständen (weniger Kaufkraft, weniger Einzelhandel) bewältigen. Da hilft keine Resignation, sondern nur eine schonungslose Bestandsaufnahme (aus dem, was man hat, das Beste machen) und die Entwicklung von Strategien, die für die Zukunft ein gesundes Maß an Tragfähigkeit versprechen (gewährleisten).

Ganzheitliches contra selektives Denken, um eine Scheinobjektivität mancher Evaluierungskriterien zu umgehen

Nach dem humboldt'schen Bildungsideal soll ein autonomes Individuum eine Person sein, die Selbstbestimmung und Mündigkeit durch ihren Vernunftgebrauch erlangt. Das Ideal nach dem Konzept von Business Intelligence ist die Gewinnung von Erkenntnissen, die im Hinblick auf bestimmte Ziele bestmögliche operative und strategische Entscheidungen ermöglicht und unterstützt. Schwachstellen der praktischen Umsetzung: man kann sie bis in das politische Leben hinein verspüren: die Angst vor dem eigenen Urteil. Selbst große Parteien verstecken sich gerne hinter dem Urteil ihrer Wähler. Der Souverän hat es so gewollt, hat ja so entschieden. Ganz ähnlich wenn Manager nur oder vor allem nach Gewinn und Umsatz bewertet und entlohnt werden. Auch dann braucht man nicht sich selbst als Punktrichter zu verantworten. Denn hierüber hat ja der Markt oder noch besser der Kunde als angeblicher König entschieden.

Lernen kann man aus diesem anschaulichen Beispiel, dass schwerwiegende Folgen entstehen können, wenn eine Vorstellung verfolgt wird, nach der auf Dauer aus kurz immer lang gemacht werden könne. Nach der eine langfristige Strategie in einem kurzatmigen Umfeld, in dem nur von Tag zu Tag gedacht wird, erfolgreich gemacht werden könnte. Nach der man darauf baut, das Gewesene aus der Vergangenheit in die Zukunft fortschreiben zu können. Nach der langfristiges Denken laufend mit kurzfristig veränderten Annahmen überlagert wird. Nach der ganzheitliches Denken von selektiven Wahrnehmungen verdrängt wird. Nicht selten und nicht zuletzt in der Krise können die für eine Beurteilung von Standortakteuren ausgewählten Evaluierungskriterien auch das genaue Gegenteil von dem anzeigen, was die wirklichen Qualitäten einer Person ausmacht. Alles in allem haben manche Krisen schonungslos deutlich gemacht, dass ein Davonlaufen vor Evaluierungsschwierigkeiten nicht nur Schwächen offenbart, sondern auch schlimme Folgen für alle, dazu meistens noch Unbeteiligte haben kann.

Realer Decision Support unerwünscht: externe Expertisen, die sie manchmal sogar selbst in Auftrag gegeben hat, werden von der Politik kaum oder eher flüchtig gelesen, geschweige denn befolgt. Im besten Fall werden sie zur Kenntnis genommen und dann im sogenannten demokratischen Procedere so zerfleddert und verfälscht bis sie zu nichts mehr taugen. Gegebenenfalls werden solche Expertisen noch als Vorwand für Missstände hergenommen. Wenn aber Gutachten bloß Ablenkungsmanöver sind, könnte man auch gleich ganz auf sie verzichten. Das alleinige Urteil des Marktes? Der in einem trügerischen Bild alles richtende Markt kann mit seinem Urteil auch sehr ungerecht werden. Und dies nach beiden Seiten hin. Das Band zu den individuellen Leistungen und Fähigkeiten von Standortakteuren ist oft so locker, dass es kaum noch wahrnehmbar ist (manchmal gibt es überhaupt keines).

Nur wer über alle Standortfaktoren genau im Bild ist und über sie Buch führt, vermag damit zusammenhängende Risiken und Chancen in einem ausgewogenen Verhältnis zu steuern

An und von vielen Stellen wird die Meinung vertreten, dass man das Vermögen eines Standortes nicht bewerten können, da es für viele seiner Bestandteile überhaupt keinen Marktpreis gäbe, den man hierfür zugrunde legen könne. Dass diese Auffassung so pauschal kaum zu halten ist haben Ökonomen belegt, die beispielsweise vor der australischen Küste den finanziellen Wert des größten Organismus der Erde, nämlich das Great Barrier Reef mit 37,85 Milliarden (mehr als der Börsenwert mancher großen Aktiengesellschaft oder etwa das Zwölffache der Oper in Sydney) Dollar berechnet haben. Obwohl der biologische Wert des Riffs schon bereits an sich über jeden Zweifel erhaben ist (dort leben mehr als 1.500 Fischarten oder weit über 60.000 Arbeitsplätze hängen daran, der Tourismus dort erwirtschaftet Jahr für Jahr über fünf Milliarden australische Dollar) und dass dieses Riff eigentlich unbezahlbar ist. Der Versuch der finanziellen Bewertung einer „Intangible" wurde deshalb gemacht, um herauszufinden, wie viel die Australier bereit sein würden, für den Erhalt des Riffs zu zahlen (das Ergebnis: im Durchschnitt 1,3 Dollar je Einwohner pro Woche). Allein den Wert der Marke „Barrier Riff" schätzten Ökonomen auf 24 Milliarden australische Dollar.

Ein möglichst realitätsgetreues Bild des Standortes muss aus den oft sehr verschiedenen Blickrichtungen eines Betrachters (vor

Ort ansässigen Unternehmen, kommunalen Verwaltungsstellen, ansiedlungs- und investitionsinteressierten Firmen, Personen und Existenzgründern) zusammengefügt werden. Die Frage des richtigen, d.h. am besten geeigneten Standortes ist für Unternehmen zu wichtig, als dass man sie an Dritte delegieren oder auf eine von Zeit zu Zeit notwendige Überprüfung verzichten könnte. Jeder Strategie-Check eines Unternehmens sollte deshalb immer auch die Standortfrage mit einschließen. Denn einmal getroffene Standortentscheidungen lassen sich, auch wenn sie nur „suboptimal" sind, nur schwer korrigieren. Den unkalkulierbaren Gefahren von „Standort-Blindflügen" kann am besten durch präzise und vollständige Vermessungen begegnet werden.

Standortbilanzen können aus unterschiedlichen Sichtweisen (z.B. Innen- oder Außenbetrachtung), von unterschiedlichen Personen oder Stellen, für unterschiedliche Standorte oder auch nur Bereiche hiervon, für unterschiedliche Zeiträume und Zeitpunkte aufgenommen und zusammengestellt werden. Aufbau und Struktur bleiben hiervon unabhängig immer gleich. *Durchgängig bruchfreie Systematik und Abstimmbarkeit*: einheitliche Abgrenzung und Zuordnung auf Faktoren-Cluster, einheitliche Bewertungsmethoden nach Quantität, Qualität und Systematik, eindeutige Zuordnung der Indikatoren von Standortfaktoren, einheitliche Definition und Interpretation von Indikatoren, eindeutige Zuordnung von Maßnahmen auf Standortfaktoren, einheitliche Strukturierung von Maßnahmen, eindeutige Verknüpfung von Faktoren nach Wirkungsstärke und Wirkungsdauer, alle Einzel-Tatbestände im System durchgängig abstimmfähig, zeitlich oder lokal unterschiedliche Standortbilanzen immer vergleichbar. *Zahlenorientierte Denkweise:* mit Hilfe von klar strukturierten Bewertungsansätzen und weitestmöglicher Einbeziehung von zahlenmäßig kontrollierbaren Indikatoren erfolgt eine möglichst weite Annäherung an in der Wirtschaftswelt übliche Denkweisen. Besonders gegenüber der Investoren- und Kreditgeberseite können damit Akzeptanz und Glaubwürdigkeit verbessert werden.

Für die Kommunen hat sich die Wettbewerbssituation weiter verschärft. In den Ballungsräumen ist für Unternehmen die Gewerbesteuer zur wichtigsten Steuer geworden. Es hat ein Wettlauf der Standorte („Gewerbesteuer-Kannibalismus") um Gewerbesteuerzahler begonnen (wenn ein Unternehmen mehrere Standorte hat, werden die betroffenen Kommunen entsprechend ihrem Beschäftigten-Anteil beteiligt). Dabei versuchen Standorte, sich gegenseitig Unternehmen abspenstig zu machen. Während der Steuerwettbewerb auf internationaler Ebene offen ausgetragen wird, verläuft dieser auf kommunaler Ebene auf einer niedrigeren Wahrnehmungsebene. Die Gewerbesteuer hat in ihrer relativen Bedeutung zugenommen und kann indirekt dazu beitragen, dass sich der Standortwettbewerb um Ansiedlung von Unternehmen zwischen den Kommunen weiter verschärft.

Informationstransfer immer nur mit leichter Sprache?

Behörden und auch Medien haben sich einer neuen Einfachheit, der leichten Sprache, verschrieben. „Leichte Sprache heißt: keine Schachtelsätze, kein Konjunktiv, kein Genitiv, keine sprachlichen Bilder oder Fremdwörter, stattdessen einfache und klare Sätze". Der Wunsch (das Versprechen): sprachliche Barrieren für diejenigen abzubauen, die Fachsprachen, Amtsdeutsch und Wissenschaftsjargon nur schwer (ober überhaupt nicht) verstehen. Das schöne Ziel, jegliche Art von Information verständlich zu machen hat allerdings auch mit den Schattenseiten zu kämpfen. Dann nämlich, wenn Informationen (Nachrichten) künstlich boulevardisiert oder in einer Art von Kinderbuch-Stil transferiert werden, wenn Kausalzusammenhänge konstruiert und Erklärungen komplexer Probleme holzschnittartig verzerrt werden. Dann nämlich werden dem Rezipienten wesentliche Informationen vorenthalten, was nicht im Sinne der eigentlichen Botschaft sein sollte (dürfte).

Denn es ist die Sprache, die für Qualität und Güte eines Textes ausschlaggebend ist. „Komplexe, vermeintlich schwere Sprache erlaubt präzise Unterscheidungen, die von einer simplifizierten Satzstruktur geschleift werden." D.h. umgekehrt wird ein Schuh daraus: man sollte sich darauf konzentrieren, die allgemeine Lesekompetenz zu stärken. Denn Text wird so oder so nie aussterben: „aber die Fähigkeit, über das Alphabet zu kommunizieren, wird in vielen Gesellschaften langsam zum Privileg einer kleinen Elite. Das erinnert an das Mittelalter, als nur Mächtige und Mönche sich mit geschriebenen Worten verständigten. Die restlichen Menschen werden die Analphabeten des 21. Jahrhunderts sein, die hauptsächlich über Bilder und Videos kommunizieren."

Menschen verändern sich schneller als die baulichen Strukturen. Aber schon heute müssen sich Kommunen der Herausforderung stellen: sich zu überlegen, welche Weichen sie heute stellen müssen, um möglichst günstige Rahmenbedingungen für eine angestrebte Entwicklung zu schaffen

In manchen Regionen ist die Bevölkerungsdichte höher als in anderen: so wie sich Menschen früher an Flüssen ansiedelten, tun sie es nun an Infrastrukturtrassen. U.a. hat hierzu das Bundesinstitut für Stadt- und Raumforschung (BBSR) die Studie „Spekulationen, Transformationen. Überlegungen zur Zukunft von Deutschlands Städten und Regionen" erstellt. Es werden drei Szenarien beschrieben, wie das Land in dreißig Jahren aussehen könnte. Das Szenario „Netzland" geht von der Hypothese einer stark schrumpfenden Bevölkerung aus. Sollte Energie knapp werden, könnte ein „Wattland" entstehen: die Menschen sammeln sich in wenigen hochverdichteten Städten, die energetisch optimiert sind. Nur dort können die meisten noch ihr Leben bezahlen, die Währung heißt „Watt". Nur die „Watt-Reichen" können sich noch ein Leben in energieautonomen Enklaven auf dem Land leisten. Das Szenario „Integralland" wäre so etwas wie eine Öko-Diktatur der Gutmenschen, die sich in kleinen Städten über ganz Deutschland verteilt haben. Hierbei dürften dann aber Proteste (Konflikte) gegen die Verdörflichung der Städte zu erwarten sein.

Wenn aber unser Wohnumfeld digitaler wird, könnten sich auch die Städte noch mehr verdichten. Andererseits: Digitalisierung und ein effizienterer Umgang mit Ressourcen können zu mehr Dezentralisierung führen: Wohnen und Arbeiten sind keine getrennten Sphären mehr, sondern finden an einem Ort (einem Quartier) statt. Nach Ansicht von Zukunftsforschern schrumpft der private Raum, dafür weitet sich die gemeinschaftliche Fläche (Nutzungen für alle) aus. Allerdings: keiner weiß, wie die Zukunft aussieht. Innerhalb von vierzig Jahren tauscht sich die Bevölkerung eines Quartiers mehrfach aus. Menschen verändern sich schneller als die baulichen Strukturen. Aber schon heute müssen sich Kommunen der Herausforderung stellen: sich zu überlegen, welche Weichen sie heute stellen müssen, um möglichst günstige Rahmenbedingungen für eine angestrebte Entwicklung zu schaffen. Die Konkurrenz zwischen den Regionen um Talente nimmt weiter zu. Vor allem ausländische Zuwanderer haben keine lokale Bindung innerhalb Deutschlands. Die schauen darauf, welcher Standort ihnen die beste Arbeit und das beste Leben bietet. Die Flüchtlingskrise hat deutlich gemacht, wie schnell aber eine (noch so gute) Stadtplanung überholt sein kann. In dreißig Jahren dürfte aber nicht nur anders gewohnt, sondern auch anders gebaut werden. Auch das Haus selbst könnte neue Funktionen erfüllen, Oberflächen sich verändern. Vorstellbar ist, dass Dächer selbst zu Kraftwerken und Sammelstellen für Wasser werden.

Es bedarf eines durchgängigen Konzeptes, das beschreibt/ vorgibt, wie sich der Standort anhand der ihn aus-/kennzeichnenden (immateriellen) Faktoren im Wettbewerb/Markt, gegenüber Investoren/ Standortinteressenten sowie gegenüber anderen Standorten (in der Nähe, aber im Rahmen einer sich globalisierenden Wirtschaft auch in der Ferne) positionieren will. Dabei geht es um die Feststellung der für den Standort relevanten Geschäftsprozesse und Erfolgsfaktoren. Es muss untersucht und transparent gemacht werden, wie gut ein Standort tatsächlich aufgestellt ist und wo sich noch zusätzliche, möglicherweise brachliegende oder nur teilgenutzte Profilierungs- und Zukunftschancen verbergen. Insbesondere geht es dabei um das am Standort vorhandene Strukturkapital sowie das Humankapital und Beziehungskapital. Ein Paket von Einflussfaktoren könnte anschließend an nachfolgende Bearbeitungsschritte wie Bewertung, Messung, Wirkungsbeziehungen, Auswertung und Maßnahmenplanung übergeben werden. Hat man die wesentlichen Standortfaktoren vergleichbar zu den Bilanzpositionen eines Unternehmens strukturiert, ist eine Grundlage geschaffen, um diese Komponenten der wirtschaftlichen Standortentwicklung auch für Dritte nachprüfbar bewerten und messen zu können. Ergänzend können Wirkungszusammenhänge zwischen einzelnen Standortfaktoren beschrieben und hinsichtlich ihrer Wirkungsstärke analysiert werden. Eine Aufgabe der Standortökonomie besteht u.a. darin, dazu beizutragen, den Einfluss von „weichen" Faktoren auf die Standortentwicklung als Hebelkraft zu nutzen. Gerade über immaterielle Vermögenswerte liegen oft nur wenige oder keine verlässliche Daten vor: deshalb müssen insbesondere die weichen Faktoren erst einer systematischen Entwicklung und Steuerung zugänglich gemacht werden. D.h. Methoden und Instrumente zur systematischen Steuerung der wichtigsten immateriellen Standortressourcen werden zunehmend unverzichtbar.

Schwierigkeiten ergeben sich eventuell dadurch, wenn es darum geht etwas zu bewerten, das man nicht mit dem Millimetermaß des Finanzcontrolling angehen kann. Nicht alles was gemessen wird, muss deshalb auch von Bedeutung sein; nicht alles was wichtig ist, muss deshalb auch zu messen sein. Leitfragen für ein Standortbilanz-Projekt sind beispielsweise: herrscht eine ausgesprochen quantitativ-finanzorientierte Kultur vor oder wurde bereits mit qualitativen Methoden oder Erfolgsmessung gearbeitet? sind bereits regelmäßig erhobene Daten oder ganze Meßsysteme verfügbar, die in Form einer Standortbilanz aggregiert werden könnten? welches wären im speziellen Fall die Aktiva (Stärken, Chancen) und Passiva (Schwächen, Risiken) in einer solchen Standortbilanz?

Immer weniger Menschen vertrauen Statistiken

Statistiken zufolge vertrauen immer weniger Menschen Statistiken (außer jenen natürlich, die den Anstieg vertrauenswürdiger Statistiken belegen). „Das generalisierte Misstrauen mag sich angesichts von Fake News, alternativen Fakten und der Rede von der Postfaktizität des gegenwärtigen Zeitalters als aktuelle Version eines aufgeklärten Bewusstseins begreifen. Was es in seiner Selbstgerechtigkeit allerdings nicht sieht, ist der unverzichtbare Bedarf moderner Gesellschaften an verlässlichen Daten über sich selbst". „Keine Verwaltungsmaßnahme, keine unternehmerische Investition und Gesetzgebungsvorhaben findet statt, ohne dass sich die entsprechenden Akteure zunächst anhand quantitativer Wissensbestände ein möglichst adäquates Bild von der Wirklichkeit machen, in die sie einzugreifen beabsichtigen". Will die Gesellschaft von der Dynamik ihres eigenen Wandels nicht überfordert werden, sollten (müssten) Wirtschafts- und Sozialdaten in noch schnellerer Folge erfasst und gemessen werden. Mit der gezielten Ausforschung von Individuen ist mit Big Data hierzu ein mächtiger Konkurrent erwachsen, der seine Daten nicht erst umständlich erfragt oder erhebt, sondern sie einfach (technisch unsichtbar) abschöpft und verwertet.

Obwohl im Rahmen der Flüchtlingskrise von einem „temporären Überblicksverlust" gesprochen wurde, sammeln staatliche Lenkungsorgane nicht zum Selbstzweck, sondern zum statistisch nachweisbaren Zweck der gesellschaftlichen Innovationssteigerung. Dieser Anspruch öffentlichen Statistiken (quasi als Universalsprache für politische Entscheidungsprozesse) wird am besten durch maximale Transparenz bei der Generierung und Nutzung der Daten untermauert.

Zeitliche Realisierungsperspektive und Wirkungsmechanismen der Flächenkreislaufwirtschaft - ein Standort ist mehr als nur die Summe seiner Gebäude, Flächen oder Straßen

Gründe für private Nachfrage nach mehr Wohnraum: Arbeitsplatzwechsel, Einkommenssteigerung, Geburt von Kindern. Für viele gilt das Wohnen in einem freistehenden Einfamilienhaus als die ideale Wohnform: besseres Image als Geschosswohnungsbau, bessere Möglichkeit zur freien Entfaltung. Aus diesen Gründen u.a. wählen gerade gut Verdienende diese Wohnform. Die schnelle Erreichbarkeit (z.B. S-Bahn für Berufspendler) ist ein Kriterium für die Vermarktbarkeit. Für gewerblich- industrielle Grundstücksnachfrager hat die verkehrliche Anbindung meist höchste Priorität. Entfernungen spielen gegenüber Fahrtzeiten die geringere Rolle. Manchmal werden deshalb Standorte in geschlossenen Siedlungsbereichen aufgegeben, wenn auf neu ausgewiesenen Standortorten in Autobahnnähe Fahrzeitgewinne (Transporte, Anlieferungen, Personal) anfallen.

Entscheidend für die Rentabilität von Investitionen und Betrieben sind die Grundstückskosten. Viele können (wollen) diese in Innenstadtlagen nicht tragen. Einerseits werden deshalb großflächige Produktions- und Handelsbetriebe aus Innenstädten in die Peripherie ausgelagert. Andererseits werden die dadurch freiwerdenden Flächen weniger nachgefragt, weil Neunutzer neben relativ hohen Kaufpreisen häufig noch zusätzlich hohe Aufwendungen für die Umnutzung zu tragen haben. Ein weiterer Einflussfaktor ist die zeitliche Realisierungsperspektive: Zeit zwischen Grundstückserwerb und Kapitalrückflüssen. Die wenigsten Verzögerungen werden bei Grundstücken „auf der grünen Wiese" erwartet, für die bereits ein Bebauungsplan vorliegt, die Grundlagen für die Erschließung gelegt sind, die naturschutzfachlichen Belange geklärt sind. Besonderes viele Verzögerungen werden dagegen für Grundstücke mit problematischen Vornutzungen (Altlasten) erwartet.

In der poltischen Diskussion werden u.a. folgende Wirkungsmechanismen durchgespielt: das große Gefälle der Grundstückspreise zwischen Außen- und Innenbereich zu verringern. Und: Alternativen zur Kommunalfinanzierung zu schaffen, um Zuweisungen aus dem kommunalen Finanzausgleich weniger einwohnerabhängig zu machen. Und: den kommunalen Entscheidungsträgern Anreize zu geben, keine neuen Flächen mehr auszuweisen. Weitere Zielgruppen neben den klassischen Adressaten der Flächenpolitik (Gestalter der Landesentwicklungspläne, Fachplaner auf regionaler und kommunaler Ebene) sind: private Wohnungssuchende und Bauwillige, institutionelle Wohnraumschaffende (Wohnungsbaugesellschaften), betriebliche Nachfrager der Grundstücke, institutionelle Projektentwickler, Kommunalpolitik und kommunale Kämmerer.

Zu den diskutierten Wirkungsmechanismen zählen: *Beeinflussung der Grundstückspreise* durch Bodenwertsteuer, Flächensteuer, Flächennutzungssteuer, Reform der Grunderwerbsteuer. *Preismechanismen für die Neuausweisung für Bauland* durch Kosten/Nutzen-Betrachtung, Abgabe auf die Neuausweisung,

Neuausweisungsumlage, handelbare Flächenausweisungsrechte, weiterer Interessenausgleich Fonds für Recycling, weiterer Interessenausgleich Bonusflächen. *Fördermaßnahmen und Subventionen* durch Zweckzuweisungen für Brachflächenrevitalisierungen, Zweckzuweisungen für Zwischennutzungen, Zweckzuweisungen für Renaturierungen, zoniertes Satzungsrecht, vergünstigte Kreditvergabe an Private, vergünstigte Kreditvergabe an Kommunen, Rückbau Haftpflichtversicherung (Vgl. Bundesministerium für Verkehr, Bau und Stadtentwicklung).

Niemand kann es sich heute noch leisten, dass seine immateriellen, unter Umständen aber sehr wertvollen Standortressourcen unerschlossen und damit unbrauchbar bleiben. Dabei kann heute allgemein eher über zu viel als zu wenig Informationen verfügt werden. Was manchmal fehlt, ist die Fähigkeit, Transparenz in diese komplizierte Standortumwelt zu bringen, d.h. alle Standortfaktoren umfassend und ganzheitlich zu analysieren. Denn: ein Standort ist mehr als nur die Summe seiner Gebäude, Flächen oder Straßen. Es geht um eine Bewertung des „Unbewertbaren", d.h. die Bewertung von (nach manchen Auffassungen) nicht bilanzierbaren Standortwerten. Einen wichtigen Beitrag hierzu können Instrumente leisten, mit denen sich eine umfassende Bestandsaufnahme und Bewertung auch von immateriellen Faktoren realisieren lässt: mit dem Konzept der Standortbilanz lässt sich zudem eine Systematik anwenden, die auch zu den (zahlenorientierten) Denkstrukturen von Finanzbereichen passt. Die Standortökonomie weicher Faktoren macht Zusammenhänge zwischen Zielen, Geschäftsprozessen, Standortressourcen und Geschäftserfolg transparenter: die Verwendung der Standortressourcen wird dokumentiert und Zielerreichungen hieraus werden bilanziert. Durch das Hinterfragen komplexer Prozesse wird die Basis für zukünftig weitere Verbesserungsmöglichkeiten gelegt.

Technikfolgeabschätzung kommender Gegenwarte

Eine übliche Methode, Zukunft vorherzusagen, ist die Fortschreibung des bereits Geschehenen. Davon ausgehend, im Großen und Ganzen werde alles so weitergehen wie bisher. Zwar ist die Planbarkeit des Alltags „eine zentrale Errungenschaft der modernen Gesellschaft. Diese muss sich aber gleichzeitig davor schützen, trotz des verständlichen Sicherheitsbedürfnisses ihrer Mitglieder nicht gänzlich auf Dynamik und Offenheit der Zukunft zu verzichten". Viele Projekte (Atomausstieg, Energiewende u.a.) sind aber nicht nur technische Projekte, sondern eng mit ihren auch sozialen Folgen gekoppelt. Das soziologische Orakel für die daraus entstehenden kommenden Gegenwarte ist die Technologiefolgeabschätzung. Denn meist stellt sich erst im Nachhinein heraus, dass neue Techniken auch neue Kontexte erzeugen. Die wiederum ganz andere Folgen verursachen, als nach den bisherigen Erfahrungen vielleicht anzunehmen gewesen wären. Soziotechnische Zukünfte umfassen sowohl technische Leitbilder als auch Simulationen, Szenarien, Visionen oder Utopien.

Der große Bedarf an Antworten auf die Frage, was kommen wird, ergibt aus dem Verblassen traditioneller Lösungsvorschläge. „Das waren einmal die Orientierung an der Vergangenheit als Quelle von Handlungswissen auch noch für die Gegenwart, als auch die davon genährte Überzeugung, dass man am besten erst gar nicht versucht, die Zukunft zu erkennen oder gar zu gestalten, Nichts tun, auf Stabilität und Dauer setzen, das sind heute keine Optionen mehr…Zukunft ist zwar längst kein Raum mehr für berauschende Visionen, aber die einzig verbliebene Ressource, für die Erhaltung des bereits Erreichten."

Die Welt der Zahlen verspricht Reduktion von Komplexität - statistische Daten sind jedoch nicht naturgegeben, sondern von Menschen gemacht: ihnen liegen Interessen und Prämissen zugrunde, die nur in Verbindung mit qualifizierenden Argumenten zu sinnvollen Erkenntnissen führen

Die Digitalisierung auf der technologisch-ökonomischen Ebene (Informationsfluss in Echtzeit über jeden Raum hinweg) kreiert ein Paradigma der Machbarkeit. Da diese auf regelhaften Wirkungsverhältnissen beruht, wird vor diesem Hintergrund meist nur mit quantifizierenden Argumentationsweisen gearbeitet. Die Berechenbarkeit der Welt scheint möglich: finanzmathematische Modelle gewinnen Oberhand über das erfahrungsgestützte Urteil des Bankiers oder Kaufmanns. In der Welt der Zahlen aber scheint alles möglich und nichts mehr gewiss. Experten können zwar alles und jedes in der objektiven Welt mit Zahlen belegen und erklären. Und trotzdem erscheint die Welt unserer Erfahrungen oft chaotisch, verwirrend, zusammenhanglos. An die Stelle von ehemals Ganzheit tritt zunehmend das Gefühl der „Zersplitterung". Die Vielfalt der Möglichkeiten in einer zunehmend unübersichtlichen Realität hat manchmal ein Defizit an Orientierung. Die Welt der Zahlen verspricht Reduktion von Komplexität: quantifizierender Objektivitätsersatz entlastet vordergründig von Fragen nach dem Sinn und neutralisierte das Hinterfragen nach falsch und richtig. In der Wissensgesellschaft werden beliebig berechenbare Grundlagen der Urteilsbildung quasi frei Haus geliefert (nie wussten Standorte so viel über sich selbst wie heute).

Statistische Daten sind jedoch nicht naturgegeben, sondern von Menschen gemacht: ihnen liegen Interessen und Prämissen zugrunde. Zahlen können deshalb nur in Verbindung mit qualifizierenden Argumenten zu sinnvollen Erkenntnissen führen. „Fragen von falsch und richtig lassen sich nicht allein mit Modellen und Zahlen beantworten, sondern nur in Verbindung mit Urteilskraft, Erfahrung und praktischer Vernunft". Die Standortwelt besteht nicht nur aus quantifizierten Fakten. Auch wenn manchmal Haushaltszahlen, die sogenannten „hard facts" dominieren, sind diese zumeist ein Resultat der „soft facts". Da sich die Standorte nach Größe, wirtschaftlichem und sozialem Umfeld und nicht zuletzt auch hinsichtlich politischer Zielsetzungen unterscheiden, muss jede Kommune eine eigene Lösung entwickeln, die ihrem individuellem Profil am besten entspricht und zur Differenzierung von anderen Standorten die Stärken überzeugend herausstellt, gleichzeitig aber mögliche Schwachpunkte nicht verschweigt. Dabei ist die Potenzialperspektive ein strategisches Kernelement. Die Schwierigkeit des Erkennens von Potenzialen liegt vor allem darin, dass diese häufig mehr in Form von Visionen als in Form von exakt mess- und kontrollierbaren Zahlenwerten fassbar gemacht werden können. Ein ambitioniertes Planungsverständnis sollte dafür sorgen, dass das detaillierte Bild der immateriellen Standortfaktoren nicht länger unschärfer ist als beispielsweise das Wissen über Topografie, Flächennutzung, Landschaft und Umwelt. In der Standortökonomie interessieren insbesondere alle jene Kriterien, nach denen Unternehmen ihre Entscheidungen für und gegen Neu- bzw. Erweiterungsinvestitionen treffen. Es sollte ein Konzept entwickelt werden, das beschreibt/vorgibt, wie sich der Standort anhand der ihn aus-/ kennzeichnenden (immateriellen) Faktoren positionieren will. Die Entwicklung eines Standortes ist hierbei das Ergebnis einer Vielzahl von Faktoren: aufgrund von Untersuchungen lassen sich einige, besonders relevant erscheinende Bereiche hervorheben.

Anhand dieser sowohl wachstumsbeschleunigenden als auch bremsenden Einflussfaktoren, muss jeder Standort für sich genau analysieren, ob er bisher langsamer oder schneller gewachsen ist, sich besser oder schlechter entwickelt hat, als die Standortfaktoren es ihm erlaubt hätten. Auf der Basis von datenzentrischen Produkten (Sammlung und Aufbereitung von Daten) sind neue Denkmodelle entstanden. Dabei geht es um die Fähigkeit, externe Daten- und Wissenssammlungen mit der eigenen Informationsbasis zu verknüpfen: durch die bedarfsgerechte immer wieder neue Kombination von Daten entstehen neue Möglichkeiten und Analyseansätze. Der Fokus liegt nicht mehr auf dem materiellem Vermögen, sondern konzentriert sich im Sinne einer immateriellen Wertschöpfung auf die Aufbereitung von Informationen, um vorhandene Potenziale auszuschöpfen. Der Schlüssel ist die Evaluierung und Auswahl relevanter Informationen. Das weltweite Informationsvolumen verdoppelte sich etwa alle zwei Jahre. Es kommt also darauf an, Ordnung zu schaffen und den geschäftlichen Wert der Daten für bessere Entscheidungen und Prozesse zu erschließen. Die Qualität von Informationen steht und fällt mit der Qualität der Datenbasis (sowohl inhaltlich als auch bezüglich der Darstellung). „Wenn Datenqualität und Informationsqualität auseinanderklaffen, versinken wir im Treibsand der Daten".

Datenmenge und Gedankenmenge verhalten sich nicht proportional zueinander: Informationen verursachen Reaktionen, d.h. die Datenmenge steigt täglich an, weil aus Informationen als Folgewirkung mehr Information wird. Ein einzelner Mensch kann unmöglich auch nur einen Bruchteil dieser Informationsflut bewältigen. Der Einzelne muss nicht nur immer mehr Informationen bewältigen, er muss sie auch immer schneller aufnehmen und bearbeiten, und es bleibt ihm immer weniger Zeit für die gedankliche Auseinandersetzung damit. Es gibt keinen festen Halt mehr, keine sicheren Orientierungspunkte. Je mehr Daten es gibt desto sorgfältiger muss geprüft werden, wie wichtig, relevant und nützlich diese Daten sind. Hierfür braucht es neben Zeit auch Kompetenz.

Da die Kapazität der Informationsverarbeitung eines Menschen begrenzt ist (nur etwa zwei Prozent der ihm zur Verfügung stehenden Informationen können nach Erkenntnissen der Wahrnehmungspsychologie überhaupt wahrgenommen und verarbeitet werden) hilft nur ausblenden, verwerfen und gewichten. Überschüssiges ist individuell betrachtet „Informationsmüll" der im allgemeinen Kommunikationsrauschen verschwindet. Auch wenn wir dank selektiver Mechanismen auswählen können, „müssen wir mit unseren vorhandenen kognitiven Kapazitäten unter einem immer größeren Informationsangebot auswählen; auch wenn wir ausblenden, werden wir gefordert, einen immer größeren Teil auszublenden". Es ist somit eine wichtige Fähigkeit, verwerfen und gewichten zu können und auch mit der Mehrdeutigkeit von Informationen leben zu können, die sich nicht sofort und genau 1:1 einordnen lassen.

Wandel ist ein ständiges Fließen von Umgestaltung und ist nicht die Folge irgendeiner Kraft, sondern eine nahezu natürliche Tendenz, die allen Dingen und Situationen schon von Vornherein innezuwohnen scheint

Genauso wie das Rationale und das Intuitive komplementäre, sich ergänzende Formen des Denkens sind. Rationales Denken ist linear, fokussiert, analytisch. „Es gehört zum Bereich des Intellekts, der die Funktion hat, zu unterscheiden, zu messen, zu kategorisieren. Dementsprechend tendiert rationales Denken zur Zersplitterung. Intuitives Wissen dagegen beruht auf unmittelbarer, nichtintellektueller Erfahrung der Wirklichkeit, die in einem Zustand erweiterten Bewusstseins entsteht". Es ist ganzheitlich, nichtlinear und strebt nach Synthese.

Viele Probleme haben ihre Ursache darin, dass sich das Ausbalancieren zwischen Denken und Fühlen, Wertvorstellungen und Verhaltensweisen nicht (mehr) im Gleichgewicht befindet. Die heutige Zeit gilt als das von rationalem Denken beherrschte wissenschaftliche Zeitalter. Rationalität gilt als das Maß aller Dinge, ein intuitives Wissen (das genauso zuverlässig und gültig sein kann) wird eher abschätzig bewertet. Die mechanistische Sicht der Welt bildet die Grundlage des Alltags, Robotisierung und Industrie 4.0 sind allseits bekannte Ausdrucksformen hiervon. Viele Systeme (beispielsweise das der Ökologie) funktionieren nur so lange, so lang sie in einem dynamischen Gleichgewicht (welches auf Zyklen und kontinuierlichen Schwankungen beruht) gehalten werden. Genauso wenig wie aus einer guten Sache nicht automatisch eine bessere wird, wenn man ihr noch mehr Gutes hinzufügt, genauso wenig wird unbegrenztes wirtschaftliches und technologisches Wachstum über alle Zeiten hinweg als rein lineares Geschehen möglich sein. Zwar können Menschen eine sanfte Landung von Raumsonden auf fernen Planeten, Kometen oder Asteroiden bewerkstelligen, sind aber trotzdem nicht einmal dazu in der Lage, den Ausstoß von giftigen Schadstoffen abzustellen.

Für eine Systemtheorie sind alle Phänomene miteinander verbunden und voneinander abhängig. Man hat ein integriertes Ganzes vor sich, wenn dessen Eigenschaften nicht mehr auf die seiner Teile reduziert werden können. Man könnte meinen, komplexe Sachverhalte dadurch verstehen zu können, wenn man sie auf ihre Grundbausteine reduziert und nach dem Mechanismus sucht, der diese Einzelteile zusammenwirken lässt. Diese Denkweise der Reduktion ist zwar in vielen Lösungsansätzen fest verankert, musst aber nicht zwangsläufig zum Erfolg führen.

Für die angemessene Darstellung von Analysen und Ergebnissen der Standortbeobachtung braucht es geeignete Instrumente - insofern ist jede Standortbeobachtung immer auch eine Fortsetzungsgeschichte mit offenem Ausgang

Ein Beobachterstatus setzt voraus, dass man in der Lage ist, sich mittels eigener Anschauungen direkt ein Bild vom Standortgeschehen zu machen. Standortbeobachtung beschränkt sich nicht auf einen bestimmten Stichtag, d.h. sollte mehr als nur eine Moment- oder Status-Aufnahme sein. Es geht um eine eher zeitraumbezogene Betrachtung. Da Standorte einem ständigen und immer dynamischer ablaufenden Wandlungsprozess folgen, begleitet der Standortbeobachter diesen auf einer bestimmten Strecke des hierbei zurückgelegten Weges. Ohne genau fixierten Startpunkt im Sinne einer auf den Stichtag bezogenen Eröffnungsbilanz. Und mit offenem Ausgang. Begebenheiten, die heute noch unverrückbar scheinen mögen, könnten bereits schon morgen in einem völlig anderen Licht erscheinen. Für die angemessene Darstellung von Analysen und Ergebnissen der Standortbeobachtung braucht es geeignete Instrumente. Insofern ist jede Standortbeobachtung immer auch eine Fortsetzungsgeschichte mit offenem Ausgang. Wichtige Informationen und Erkenntnisse können dadurch gewonnen werden, dass man nicht nur Beobachtung an Beobachtung zusammenhanglos aneinanderreiht, sondern auf der Zeitachse vor allem relevante Änderungen hinsichtlich ihrer Stärke und Ursache in Augenschein nimmt. Relationen zwischen einzelnen Standortfaktoren können oft mehr aussagen als ihre absoluten Werte.

Die Entwicklung eines Standortes ist eng mit der Entwicklung von Innovationsfähigkeit verknüpft. Da sich der Innovationsoutput schwerer messen lässt, sollte der Innovationsinput (beispielsweise Ausbildungsstand des Humankapitals, Ausgaben für Forschung & Entwicklung) als indirekte Messgröße erhoben werden. Die Entwicklung eines Standortes wird im Zeitalter der Globalisierung weiterhin wesentlich durch seine Erreichbarkeit bestimmt: eine gute Verkehrsanbindung ist heute für nahezu alle konkurrenzstarken Standorte gegeben; sie wird mehr oder weniger als gegeben vorausgesetzt. Steuern stellen sowohl für Unternehmen als auch für Arbeitnehmer eine wichtige Kostenkomponente dar: im Standortwettbewerb spielt die Höhe der Hebesätze eine große Rolle. Regulierung: untersucht werden sollte die Regulierungsdichte einschließlich bremsender oder fördernder Auswirkungen sowohl auf Produktmärkten als auch auf dem Arbeitsmarkt.

Potential-Portfolios können die Entwicklungsoptionen eines Standortes verdeutlichen. Standortanalysen können im Rahmen einer einheitlichen Systematik eingeordnet werden: in einem System der Standortbilanz. Identifiziert und bewertet werden kann hiermit insbesondere das immaterielle Kapital eines Standortes. Mit einer solchen Standortbilanz werden verschiedene aufeinander abgestimmte Tools zur Verfügung gestellt: eines hiervon ist das Potential-Portfolio. Das Potential-Portfolio stellt das Entwicklungspotenzial der einzelnen Einflussfaktoren als Portfolio in 4 Quadranten dar. Dabei bildet die x-Achse den Mittelwert der QQS-Bewertung ab: sie gibt das durchschnittliche Verbesserungspotenzial eines Einflussfaktors wieder. Je weiter links ein Einflussfaktor steht, desto schlechter seine Bewertung und desto größer sein Verbesserungspotenzial. Auf der y-Achse ist das Einflussgewicht des Einflussfaktors, also die Wirkungsstärke auf das Gesamtsystem, dargestellt. Je weiter oben ein Einflussfaktor steht, desto größer ist seine Wirkung im System der Standortfaktoren.

Interpretation: Beim Potenzial-Portfolio muss auf die Lage der Bubbles geachtet werden, d.h.: liegt der Bubble im 2. Quadranten (oben links), dann besteht ein großes Entwicklungspotenzial bzw. konkreter Handlungsbedarf. Der Einflussfaktor sollte unbedingt entwickelt werden da er vergleichsweise schlecht ausgeprägt ist. Dabei ist die Wirkung des Einflussfaktors auf andere Faktoren sehr hoch (= hohe Hebelwirkung). Liegt der Bubble in dem 1. oder 3. Quadranten (oben rechts oder unten links), dann besteht nur bedingtes Entwicklungspotenzial. Liegt der Bubble im Quadranten "Stabilisieren", dann sollte in Zukunft darauf geachtet werden, dass der Faktor auf diesem Niveau bleibt. Denn: dieser Faktor weist eine gute Bewertung auf und hat eine hohe Hebelwirkung. Liegt der Bubble in dem 4. Quadranten (unten rechts), dann besteht kein Entwicklungspotenzial. Der Faktor ist bereits gut ausgeprägt und eine Maßnahme zur Verbesserung hätte kaum Auswirkungen auf das Gesamtsystem.

Standortfaktoren Überblick. *Allgemeine Faktoren:* Erreichbarkeit der Absatzmärkte/ Kundennähe, Nähe zu Zulieferern und Kooperationspartnern, Telekommunikations-Infrastruktur incl.

Breitband, Nähe zu Hochschulen/ Forschungseinrichtungen. *Verkehr:* Attraktivität der Innenstadt, Leistungsfähigkeit innerörtlicher Straßenverkehr, Anbindung an das Fernstraßennetz, Anbindung an den ÖPNV und S-Bahn, Anbindung an den Schienenverkehr, Anbindung an einen Flughafen, Anbindung an Logistikzentren. *Arbeitsmarkt und Flächenangebot:* Verfügbarkeit von Fach- und Führungskräften, Verfügbarkeit sonstige Arbeitskräfte, Verfügbarkeit von Gewerbeflächen/ -immobilien, Miet-/ Kaufpreis von Gewerbeflächen/ -immobilien, Verfügbarkeit von Wohnimmobilien (Miete/ Kauf), Verfügbarkeit von Baugrundstücken. *Wirtschaftsförderung und Verwaltung:* Qualität und Kompetenz der Wirtschaftsförderung, kommunales Standortmarketing, „Offenes Ohr" der Verwaltung für Wirtschaftsfragen, generelle Erreichbarkeit der Verwaltung, Reaktionsgeschwindigkeit der Verwaltung, Bearbeitungsdauer von Anliegen und Verfahren, Transparenz von Entscheidungen, Verlässlichkeit bei Wirtschaftsfragen/ Entscheidungen, Höhe der unternehmensrelevanten kommunalen Abgaben. *„Weiche" Standortfaktoren:* Image der Kommune, Umwelt und Lebensqualität, Wohnqualität, Betreuungsangebot für (Klein-)Kinder, Schulangebot, Gesundheitsversorgung, Betreuungsangebot (Pflege) für Senioren, Kulturangebot, Sport- und Freizeitangebot, Einkaufsmöglichkeiten. *Angebot von Unternehmensdienstleistungen:* Anwälte, Steuerberater, sonstige Beratungsunternehmen, IT-Dienstleister, technische Dienstleister.

Der herausragende Einflussfaktor für fast alle wirtschaftlichen und sozialen Beziehungen ist die Digitalisierung

Geschäftsmodelle aus der digitalen Welt lassen sich an vielen Stellen einer Volkswirtschaft verorten: Volkswirtschaften mit einem höheren Anteil digitaler Geschäftsmodelle und Infrastruktur erzielen einen Einkommensvorteil, durch digitale Technologie werden traditionell regional begrenzte Zusammenhänge geöffnet und vernetzt, Geschäfte mit nahezu unbegrenzten Mengengerüsten möglich und der Aktionsradius für wirtschaftliche Akteure wird erweitert. Die Digitalisierung ist der herausragende Einflussfaktor für fast alle wirtschaftlichen und sozialen Beziehungen, betroffen sind unterschiedliche Muster der Arbeitsteilung. Im Beziehungsgeflecht zwischen Unternehmen und Verbrauchern. „Durch die Verbindung der klassischen mechanisch-elektronischen Produktionsstrukturen mit Software und Informationstechnik (cyber-physische Systeme) sowie die Nutzung von Private-Cloud-Diensten wird die Wertschöpfungskette um eine Informationskette in Echtzeit ergänzt".

Die Neuerfindungen digitaler Geschäftsmodelle sind weder an einen Ort noch an eine bestimmte Kultur gebunden. Mit der Digitalisierung lassen sich auch alte Ideen ökonomisch neuartig nutzen. Aus lokalen Phänomenen (Mitfahrzentrale) wurden globale Märkte der Sharing Economy geschaffen. Riesige Datenmengen zu generieren, verschafft Vorteile: der exklusive Besitz solcher Daten ermöglicht (zumindest temporär) eine starke

Marktposition. Die globale Vernetzung in Echtzeit ist nicht zuletzt ein gewaltiges Beschleunigungsprogramm (bei dem allerdings die unterschiedlichen Zeitmuster und Geschwindigkeiten erst in einem ganzheitlichen Wirkungszusammenhang transformiert werden müssen).

Im global vernetzten Wirtschafts- und Finanzgeschehen mit den für alle Beteiligten nahezu unbegrenzten Informationsmöglichkeiten und Datenquellen gibt es keine Standort-Inseln

Beispielsweise: zwischen Frankfurt und seinem Umland gab es während der letzten beiden Jahrzehnte eine deutliche Verschiebung der Bautätigkeit: 80 Prozent der Neubaugebiete entstanden um die Jahrtausendwende im Umland, während auf Frankfurt gerade einmal 20 Prozent der Bautätigkeiten entfielen. Dieses Verhältnis hat sich, wenn auch nicht ganz umgedreht, so doch deutlich in Richtung der Metropole verschoben: in Frankfurt direkt entstehen mittlerweile 50 Prozent aller Neubauten, die restliche Hälfte entfällt auf die umliegenden 74 Regionalverbandskommunen. Der Schwerpunkt des Bauens hat sich damit vom Umland in Richtung auf die Metropole hin verschoben (beispielsweise Riedberg, Europaviertel, Preungesheimer Bogen). Die Großstadt bietet vor allem Familien, in denen beide Elternteile berufstätig sind (sein wollen) die Nähe zu einer Vielzahl von Arbeitsplätzen. Fraglich ist, ob diese Entwicklung so andauern wird (kann?) oder ob mit einer Gegenbewegung wieder zum Umland hin gerechnet werden sollte (muss?). Denn unbestritten ist, dass Frankfurt kaum (nicht) in der Lage sein wird, einen künftig absehbaren Bevölkerungszuwachs innerhalb seiner (engen) Stadtgrenzen zu bewältigen. Dazu kommt es auf die Lage an: Planungsexperten erwarten daher sowohl im Umland Verlierer-Kommunen als auch innerhalb der Frankfurter Stadtgrenzen Verlierer-Stadtviertel. Zumal der häufig erwähnte Gegensatz zwischen Stadt und Land vielerorts nur auf dem Papier steht: der Kern der Rhein-Main-Region ist eine „einzige Großstadt im Grünen". An vielen Stellen geht es auch im Umland städtisch, manchmal geradezu großstädtisch zu. Es geht darum, Standorte zu ermitteln, die in einem Radius von 45 Minuten mit öffentlichem Nahverkehr zu erreichen sind (ca. 25 Kommunen mit über 50 Standorten für bebaubare Flächen).

Vorteile können vor allem jene Kommunen für sich verbuchen, die nah zur Metropole optimale Nahverkehrsanbindungen (S-Bahn, Autobahnanschluss u.a.) vorweisen können. Und daher von vielen gesuchte Möglichkeiten eröffnen, dort nicht nur zu schlafen, sondern auch zu leben (vielseitiges Freizeit- und Kulturangebot). Die Großstadt Frankfurt selbst bietet hier mit Grüngürtel, Mainufer, Palmengarten u.a. herausragende Attraktionen. Umso mehr Baugebiete in Frankfurt ausgewiesen würden, umso weniger würden die Umlandkommunen vom Wachstum der Region profitieren. D.h. die Umlandkommunen sind auf eigene Neubaugebieten angewiesen: ohne sie würde ihre Bevölkerung schrumpfen. Ergänzend gehen Umlandkommunen dazu über, verstärkt auch Brachen, Baulücken und Konversionsflächen zu nutzen. So manche Kommune mag manchmal auch eher abschreckende Fehlentwicklungen vergangener Jahre vor Augen haben. Die Stadt Dietzenbach ist bis heute davon gezeichnet, dass seinerzeit Frankfurt im Umland eine große Anzahl von Sozialwohnungen bauen ließ (Dietzenbach sollte ursprünglich bis auf 70.000 Einwohner anwachsen, heute gibt es ca. 35.000). Die Angst im Hintergrund: Frankfurt habe die Absicht, seine sozial Schwachen dem Umland anzudienen (in Frankfurt verfügen ein

Viertel aller Haushalten über weniger als 1.300 Euro im Monat). Grundsätzlich aber setzt sich die Einsicht durch, dass die Bewältigung des Zuzugs und der Bau von Wohnungen eine Gemeinschaftsaufgabe der ganzen Region sein müsse.

Im global vernetzten Wirtschafts- und Finanzgeschehen mit den für alle Beteiligten nahezu unbegrenzten Informationsmöglichkeiten und Datenquellen gibt es keine „Standort-Inseln". Jeder Standort steht somit direkt oder indirekt in Wirkungs- und teilweise Abhängigkeitsbeziehungen zu einer Vielzahl anderer Standorte. Die Steuer-Konkurrenz findet nicht nur international sondern auch direkt vor der eigenen Haustür von Kommune zu Kommune statt. Es reicht daher nicht aus, nur über das Geschehen am eigenen Standort genauestens im Bilde zu sein: man muss sich zusätzlich darüber Klarheit verschaffen, wen man als Konkurrenten zu beobachten hat und was sich in der direkten Nachbarschaft, d.h. in einem Umkreis von ca. 100 km abspielt. Das Standortmarketing muss weit über den eigenen Tellerrand hinausschauen und jegliches Kirchturm-Denken vermeiden. Die Wirtschaftsförderung darf neben lokalen weder bundesweite noch internationale Aspekte aus ihrem Radarschirm verlieren. Aus methodischer Sicht bieten sich zwei miteinander verwandte Instrumente an: Konkurrenzanalyse und Benchmarking. Es kommt darauf an, dem Geheimnis erfolgreich agierender Standorte auf die Spur zu kommen.

Greift der Standort auch auf Fremdeinschätzungen zurück, so wird er quasi automatisch dazu gezwungen, sich nicht ständig immer nur von innen, sondern verstärkt durch die Brille des Marktes (von potenziellen Ansiedlern, Investoren u.a.) zu betrachten. Die an Entscheidungsprozessen beteiligten Schlüsselpersonen des Standortes gewinnen damit Kernindikatoren und Maßstäbe, die ihnen wertvolle Hinweise liefern können, was intern zu machen ist, um den Erwartungen des Marktes zu genügen. Je besser eine Stadt im Kampf um Unternehmensstandorte dasteht, desto besser sind die Zukunftsaussichten für diese Stadt. Der Konkurrenzkampf um Standorte zukunftsträchtiger (in wissensintensiven Industrien sind überdurchschnittlich viele hochqualifizierte Arbeitskräfte beschäftigt) Unternehmen findet nicht nur zwischen deutschen Städten, sondern auch auf internationaler Ebene statt. Studien zeigen, dass speziell junge (innovativ agierende) Industrien die Entwicklung einer Region positiv beeinflussen können.

Hinsichtlich raumdifferenzierender Faktoren spielt vor allem die Zahl qualifizierter Arbeitsplätze eine Rolle. Die durchschnittliche Qualifikation dieser Arbeitsplätze ist regional uneinheitlich und führt deshalb zu regionalen Unterschieden. Insbesondere Möglichkeiten für einen intensiven Austausch von Wissen (sowohl innerhalb der Region als auch zwischen Agglomerationen und benachbarten Standorten) spielen eine Rolle für die Bildung von innovativen Milieus (ein Indikator ist beispielsweise die Zahl Patente aus technologieorientierten Branchen je eine Mio. Einwohner). Eine Stadt mit einem modernen Image und Arbeitsplätzen in zukunftsorientierten Branchen stärkt gleichzeitig seine Stärken als Wohnstandort. Bei der Bindung hochqualifizierter Arbeitskräfte an den Standort geht es u.a. um Vereinbarkeit von Beruf und Familie (Kinderbetreuung u.a.), Pflegeinfrastruktur, Bildungslandschaft (Schule, Ausbildung, Weiterbildung, lebenslanges Lernen, Kooperationen zwischen Schule und Wirtschaft), Integration von Bürgern/innen mit Migrationshintergrund, Kultur- und Freizeiteinrichtungen(-angebote) für alle Altersgruppen, Gesundheitsinfrastruktur und Wellnessangebote, Wohnungssituation, Anbindung an Verkehrsmöglichkeiten.

Durch Übertragungseffekte (Wissens-Spillover) können auch andere Branchen von einem Innovations-Pool des Standortes profitieren. Dabei fließt generiertes Wissen in Innovationen anderer Unternehmen ein (die nicht in derselben Branche tätig sein müssen). Rahmenbedingungen zur Stärkung der lokalen Wirtschaft bzw. zur Anwerbung von Unternehmen sind u.a.: gute Infrastruktur, überschaubarer bürokratischer Rahmen (z.B. Genehmigungsverfahren; Zuverlässigkeit, Berechenbarkeit und Schnelligkeit kommunalpolitischer Entscheidungen), Ansprechpartner für die Belange der Wirtschaft, unternehmensfreundliches Umfeld, Messen und Kongresse, Kompetenznetzwerke. Gerade (junge) Technologien weisen eine hohe Wissenschaftsbindung auf und sind auf einen engen Austausch mit universitärer Forschung angewiesen. Die räumliche Nähe zu Forschungseinrichtungen ist wichtig für die Intensität solcher Beziehungen. Der Austausch von komplexem Wissen wird durch persönliche Kontakte erleichtert.

Ein zentraler Standortfaktor ist auch das Flächenpotenzial. Neben den Kosten (und der Verfügbarkeit) für die notwendigen Flächen spielt auch die Beschaffenheit der Grundstücke eine Rolle (Erreichbarkeit, vorgeschriebene Nutzungen u.a.). Bei der Gestaltung der Infrastruktur geht es um *Siedlungsentwicklung:* Wohnungsbestand, Wohnungsbedarf, Wohnungswünsche, Service-, Betreuungsangebote, Bildungsangebote in Wohnnähe, Vereinbarkeit zwischen Wohngebieten und Gewerbegebieten, Anpassungsfähigkeit der Siedlungs- und Wohnsituation. *Verkehrswege:* Anbindung an Autobahnen, Bahn, Flughafen, ÖPNV. *IT/ Kommunikation:* Vernetzung, Ausstattung der Netze, e-Government. *Räumlich konzentrierte Innovationsnetzwerke*: durch die Bildung von Netzwerken lassen sich Kooperationsbeziehungen mit Partnern organisieren, durch den damit verbundenen Wissensaustausch lassen sich Technik- und Marktunsicherheiten reduzieren. Solche Netzwerke haben eine starke räumliche Komponente und ermöglichen aufgrund von Lokalisationsvorteilen zusätzliche Synergieeffekte.

Kommunen öffnen sich wirtschaftlichem Controlling - mit dem zugehörigen Instrumentarium eröffnen sich Möglichkeiten, frühzeitig Erfolgspotentiale sowie künftige Stärken und Schwächen aufzuspüren

Mit Hilfe einer dem Punktezettel beim Boxen ähnlichen Ergebnistafel (Scorecard) kann aus verschiedenen Perspektiven festgehalten werden, was der Standort in der Berichtsperiode zuwege gebracht hat und wo er im Wettbewerb steht. Einen solchen Erhebungs- und Berichtsbogen kann man sich wie die Instrumententafel im Cockpit eines Flugzeuges vorstellen: D.h. für die komplizierte Aufgabe des Navigieren und Steuern benötigen die Piloten (standortverantwortlichen Entscheidungsträger) detaillierte Daten über zahlreiche Umstände des Fluges (des Standortes): sie müssen informiert sein über Treibstoff, Geschwindigkeit, Höhe, Luftdruck, Flugziel und andere Messwerte, die insgesamt ihr derzeitiges und erwartetes Umfeld beschreiben (sich nur auf ein einziges Instrument zu verlassen, kann dabei risikoreich sein). Zuvor identifizierte Standortfaktoren werden also in Form einer Punkte-Bewertung anhand von vorher festzulegenden Beurteilungskriterien beurteilt: für den Standort (und ggf. im Vergleich hierzu für weitere Standortkonkurrenten) könnten auf einer Punkteskala (beispielsweise von 0 = Standortfaktor nicht vorhanden/erfüllt bis 12 = bestmögliche Erfüllung des Standortfaktors) entsprechende Bewertungen vergeben werden.

Unter dem Stichwort „Public Management" kann man heute viele bisher nur in der Unternehmenspraxis gängige Verfahren nun auch in der öffentlichen Verwaltung wiederfinden. Eventuell noch aus der Vergangenheit herreichende Berührungsängste gibt es kaum. Die verantwortlichen Standortakteure haben erkannt, dass es problematisch ist, die Zukunft ausschließlich als Fortschreibung der Vergangenheit zu sehen. Vielmehr besteht in Anbetracht der auf einen Standort einwirkenden internen und externen Einflussfaktoren die Notwendigkeit, schon heute die Voraussetzungen für zukünftige Standorterfolge zu erkennen und zu schaffen. Während Controllinginstrumente in den heute fast immer global agierenden Unternehmen auch oder gerade hinsichtlich ihrer strategischen Komponenten zum täglichen Handwerkszeug zählen, werden Strategien im Bereich von Standortakteuren manchmal eher noch „handgestrickt" und weniger systematisch herausgearbeitet.

Worin bestehen nun aber Ziel und Zweck eines Standortcontrolling, wozu der damit verbundene Aufwand? Haben nicht alle irgendwie mit dem Standortgeschehen befassten Personen ausgeprägte Erfahrungen, ist nicht jeder Wirtschaftsförderer auch ein erprobter Manager und Stratege? Gerade eben jene Erfahrungen sind es, die heute für die erfolgreiche Steuerung einer hochkomplexen Standortökonomie manchmal nicht mehr ausreichen. Ein sich immer dynamischer änderndes Umfeld sowie eine somit drängendere Konkurrenz bei der Akquisition für eine Neuansiedlung von Gewerbesteuerzahlern zwingen auch die Standorte und ihre verantwortlichen Akteure zu immer schnelleren und häufigeren Anpassungsmaßnahmen. Eines solches Change Management verspricht aber nur dann erfolgreich zu sein, wenn es begleitend durch entsprechend gekonnt programmierte Instrumente unterstützt wird. Das Standortcontrolling wird somit gewissermaßen als Radarsystem mit Blick in die Zukunft eingesetzt. Mit dem zugehörigen Instrumentarium eröffnen sich Möglichkeiten, frühzeitig Erfolgspotentiale sowie künftige Stärken und Schwächen aufzuspüren. Das Standortcontrolling richtet den Blick also auf zukünftige Möglichkeiten und wählt hieraus bestimmte Szenarien zwecks gewollter Umwandlung in bestimmte Ziele aus. Unsicherheiten und Risiken sind gewissermaßen Bestandteil des Planungsprozesses, innerhalb dessen im Anschluss die weiteren Details für operative Maßnahmen erarbeitet werden.

Standorte aller Größenordnung und Lagen sehen sich direkt konfrontiert mit einem neu strukturierten Wettbewerbsumfeld. Um sich in einem solchen Umfeld zeitlich ausreichende sowohl Aktions- als auch Reaktionsspielräume verschaffen zu können, müssen die Signale hieraus möglichst frühzeitig aufgefangen und ausgewertet werden. Langfristige Standorterfolge können dadurch abgesichert werden, indem eine kontinuierliche Aktualisierung und Anpassung der hierfür entwickelten Lenkungsinstrumente sichergestellt wird. Erst die genaue Kenntnis sowohl von Beziehungsfaktoren als auch insbesondere der immateriellen Einflussgrößen machen eine effiziente und nachhaltige Planung möglich. In erster Linie bedeutet also Standortcontrolling ein Denken in Alternativen und in der Zukunft. Hierbei sollten die Standortakteure mehr das Morgen und Übermorgen und nicht so sehr das Gewesene beschäftigen. Eine hierfür geeignete

Tool-Box sollte deshalb Hilfen für mögliche Wege und Schritte anbieten und Optionen vorschlagen können, die zu dem gewünschten Ziel führen. Planung als Vorausabwägen verschiedener Entscheidungsmöglichkeiten ist besonders auf der Standortebene heute mehr denn je unverzichtbar.

Zu wenig genaue Wegweiser und -markierungen: den zuvor gemachten Ausführungen wird manchmal der Einwand entgegen gehalten, dass gerade vor dem Hintergrund und der Komplexität sich verändernder Standorte Planung zu schwierig oder gar unmöglich sei. Es wird argumentiert, niemand könne doch in die Zukunft schauen. Das aber gerade macht Planung (sprich ein ausgefeiltes Standortcontrolling) nicht überflüssig, sondern nur umso notwendiger und dringender. Denn gerade die Sicherung der Möglichkeit, zu jedem Zeitpunkt sinnvoll, d.h. nicht anderes als planvoll, handeln zu können, ist für nachhaltige Standorterfolge von umso größerer Bedeutung. Gerade deshalb, weil die Zukunft immer ungewiss ist.

In dynamischen Situationen kann eine nicht hinterfragte und gegebenenfalls korrigierte Schwerpunktbildung zu Einseitigkeiten und damit unangemessene Entscheidungen führen

Ob man damit einverstanden ist oder nicht: jeder ist (mehr und stärker denn je) von Komplexität umgeben. Im Rahmen von Potenzialanalysen können auch aufgaben- und positionsgerechte Stärken-Schwächen-Profile erarbeitet werden. Damit kann man solche Modelle auch für die Entscheidungsunterstützung bei strategischen, mittel- und langfristigen Planungen einsetzen. Dies gewinnt sowohl bei der Auswahl und Beurteilung von Prioritäten an Bedeutung als auch bei krisenanfälligen Systemen zur Abschätzung von Risiken, die sich erst aus der Interaktion von Akteuren mit dem jeweiligen System ergeben". Komplexität ist eine fast jederzeit und überall spürbare Eigenschaft der neuen digitalen Welt. Denn komplexe Sachverhalte werden nicht dadurch einfacher, dass bei der Analyse einer solchen dynamischen Situation immer nur ein momentaner Zustand erfasst wird (Prozesse und Entwicklungen dagegen unberücksichtigt bleiben). Gegebenenfalls kann damit ein Ist-Zustand zwar richtig abgebildet werden. Aufgrund der komplexen Systemen anhaftenden Eigendynamik besteht jedoch immer die Möglichkeit einer falschen Bewertung der einzelnen Zustandsgrößen und ihrer Potenziale. Es müssen daher immer auch die überlagernden Trends beobachtet werden. Zwar sind auf kurzen Zeitstrecken nicht selten lineare Annäherungen möglich und ausreichend, doch sowie dieser Horizont nur ein wenig ausgedehnt wird, ist die Erklärungs- und Abbildungsreichweite erschöpft. Denn für längere Zeiträume werden die Abweichungen von den in aller Regel nichtlinearen Trends bald überproportional groß, die Schere zwischen Erwartung und eintretendem Ergebnis öffnet sich weiter.

Dynamische Verläufe werden durch die „Trägheit" einzelner Variablen (zeitverzögerte Wirkungen von Eingriffen) zu einem komplexen Wirkungsgefüge. Zeitverzögerte Reaktionsmuster zeigen oft zwei typische Muster: zum einen werden Erklärungen für das erlebte und beobachtete Geschehen aus scheinbar ähnlichen Erfahrungsbeständen abgeleitet, jedoch ohne die behauptete Analogie auch nur ansatzweise zu belegen oder zu prüfen. Oder es werden Erklärungen jenseits jeder überprüfbaren Realität gesucht und formuliert. Wer Unvereinbares und Nichtzusammenhängendes um jeden Preis in ein Geflecht von Ursachen und Wirkungen zwingen will, muss notgedrungen zu hochvoraussetzungsreichen und damit sehr unwahrscheinlichen Annahmen greifen, deren Gültigkeit man möglichst nicht weiter hinterfragt. In dynamischen Situationen kann eine nicht hinterfragte und gegebenenfalls korrigierte Schwerpunktbildung zu Einseitigkeiten und damit unangemessene Entscheidungen führen. Auch in der Vergangenheit für gut befundene und gut analysierte Schwerpunktbildungen müssen bei einer konkreten Anwendung erneut auf ihre Gültigkeit hin überprüft (und gegebenenfalls an neue Bedingungen angepasst) werden.

Standortakteure müssen in der Lage sein, die für sie relevanten Themen möglichst frühzeitig zu erkennen- für einen nachhaltigen Standorterfolg gehört nicht zuletzt die Fähigkeit zur erzählerischen Aufladung und kreativen Thematisierung

Trends als Herausbildung kollektiver Verhaltensweisen sind manchmal auch ein Indikator für die Herausbildung gesellschaftlicher Konfliktlinien. Trends kursieren als Themen, gewissermaßen sind sie die Themen und besitzen in ihrer inhaltlichen Struktur eine gewisse Eigengesetzlichkeit. Wer solche Eigengesetzlichkeiten erkennt, kann sie für sich nutzen: für seine Vorstellungskraft über mögliche Zukunftsentwicklungen. Er kann Möglichkeitsräume erkennen, in denen Zukunft gestaltet werden kann. Möglichkeitsräume, die ansonsten vielleicht ungedacht und ausgeblendet geblieben wären. Die Standortakteure müssen in der Lage sein, die für sie relevanten Themen möglichst frühzeitig zu erkennen. Um sie durch eine erarbeitete Deutungshoheit und Themenführerschaft aktiv mitzugestalten. Proaktives Agieren ist eine zentrale Voraussetzung für Zukunftsfähigkeit. Auf Seiten der Standortverantwortlichen heißt dies, potenziellen Investoren eine gute Story zu liefern. Zu einem nachhaltigen Standorterfolg gehört nicht zuletzt die Fähigkeit zur erzählerischen Aufladung und kreativen Thematisierung.

In turbulenten Zeiten verflüssigt sich alles Festetablierte. Es kommt darauf an, die wesentlichen Treiber der Veränderungen auszumachen und auch (vielleicht nur flüchtige Zusammenhänge) aufzuspüren. Als wesentliche Ursachen und Einflussfaktoren für die Zunahme der Umfeldturbulenz gelten Komplexität und Dynamik. Überraschungen und unvorhergesehene Entwicklung sind an der Tagesordnung: Probleme und Ereignisse, die sich quasi über Nacht in das Bewusstsein drängen und mehr als alle vorherigen plötzlich nach (ungeteilter) Aufmerksamkeit verlangen. Ein Problem besteht für Standortakteure darin, die für sie strategisch wichtigen Umfeldentwicklungen auszufiltern. Denn schon allein aus Kapazitätsgründen können sie sich meist nur mit einer begrenzten Zahl der neu auf sie einstürmenden Tatbestände gleichzeitig auseinandersetzen. In den trivialen Niederungen von Standortthemen sollten die Erwartung an hierbei spektakuläre Erkenntnisse nicht zu hoch angesetzt werden.

Bei näherem Hinsehen reicht es aber nicht aus, jeden Standortfaktor nur auf einer Punkteskala zu bewerten und die sich hieraus ergebenden Punktwerte dann einfach aufzuaddieren. Für den speziellen und konkreten Einzelfall wäre die für einen Standort so errechnete Gesamt-Bewertungssumme wenig aussagekräftig: unter bestimmten Bedingungen könnte ein solches Vorgehen auch zu Fehlinterpretationen verleiten oder sogar zu Falschbewertungen führen. Es gilt daher die Frage zu klären: welcher Standortfaktor ist besonders wichtig, welcher vielleicht weniger wichtig? Im Wege von Fremdbilderhebungen und Konkurrenzanalysen taucht somit zwangsläufig das Problem der unumgänglichen Gewichtung von Standortfaktoren auf. Unabhängig davon, ob eine Bewertung im Wege der Eigenbild- oder Fremdbildanalyse erstellt werden soll bleibt damit ein weiteres Problem zu lösen: aus Sicht des individuellen Nachfragers, d.h.

beispielsweise eines ansiedlungsinteressierten Unternehmens stellt sich auch jeder Standortfaktor von mit einer von Fall zu Fall sehr unterschiedlichen Bedeutung dar. Um das Verfahren der Punktebewertung weiter zu verfeinern, kann man zusätzlich jeden Standortfaktor entsprechend seiner Bedeutung (meistens prozentual ausgedrückt) gewichten. Das Verfahren kann jeweils nach individuellen Wünschen und Anforderungen eines Standort-Interessenten angepasst werden. Wird jedoch eine Vielzahl von Einzelfaktoren nur einfach gewichtet, so würde sich eine reine Addition der hieraus errechneten Bewertungsziffern zu sehr dem oben als nicht ausreichend erkannten Punktebewertung-Verfahren angleichen.

Mehr Aussagekraft durch Gewichtsstufen-Bewertungsverfahren: das Bewertungsverfahren für Standortfaktoren sollte daher in einer weiteren, zweiten Gewichtungsstufe noch zusätzlich ausgebaut und verfeinert werden (= Gewichtsstufen- Bewertungsverfahren). *1. Stufe*: jedem Standortfaktor wird ein Punktwert von beispielsweise 1 – 12 zugeordnet, die so verteilten Punktwerte werden zu einer Gesamt-Punktzahl für den jeweiligen Standort aufaddiert. *2. Stufe*: in einem weiteren Schritt wird jeder Standortfaktor entsprechend seiner Bedeutung prozentual gewichtet, jede für einen Standortfaktor zuvor vergebene Punktzahl wird mit diesem Gewichtungsfaktor multipliziert und die so neu ermittelten Punktzahlen wieder zu einem Gesamtwert für den jeweiligen Standort aufaddiert. *3. Stufe*: auf der letzten Beurteilungsstufe wird zusätzlich jede zusammengefasste Standortfaktoren-Gruppe nochmals für sich selbst gewichtet. Hieraus ergibt sich eine Standort-Bewertungsziffer mit erhöhter Aussagekraft. Der Standortentscheider kann seine persönlichen Bewertungen und Gewichtungen mit den errechneten Bewertungsziffern abgleichen.

Modelle für die Standortanalyse - die Wirklichkeit vereinfachende Konstrukte zur kritischen und objektiven Analyse realer, komplexer Probleme nutzen

Solche Modelle sind in der Ökonomie omnipräsent: Es gibt Modelle für vollkommene Märkte, für Arbeitslosigkeit, für Aktienmärkte.....einfach für alles". Die Nutzer solcher Modelle, blenden viel zu oft aus, dass sie immer nur unter bestimmten Bedingungen zu Handlungsempfehlungen führen (können), dass aber bei konkreten Fragestellungen auch Sachverhalte eine Rolle spielen können, die mit einer Formel nicht erfasst werden (können). Jedes Modell, so oft man es auch immer weiter verbessern mag, ist von Natur aus unvollkommen. Besser wäre es, sich bei einem Problem stärker auf das zu konzentrieren, was man in der realen Welt vorfindet und für konkrete Fragestellungen verwenden kann. Handwerkszeug hierfür können Verfahren sein, die mit Modellen zwar verwandt, aber viel offener und informeller sind. Dabei könnten auch Intuition, der gesunde Menschenverstand, Erfahrungen und vieles andere mehr einfließen. Würde man die engen Grenzen formeller Modelle sprengen, könnte man mit solchem Umdenken mehr Kreativität fördern und passgenaue Antworten auf konkrete Fragestellungen finden.

Im Kern geht es um die Frage: Lässt sich die Wahrheit berechnen? Wie kann man bei kontroversen Ereignissen, über die alle nur mutmaßen und sehr viele Interessen miteinander kollidieren, dieses ganze Rauschen so herausfiltern, dass am Ende nur Fakten übrig bleiben? Wie kann man Glaubwürdigkeit erreichen, indem man die am besten geeigneten Werkzeuge zur kritischen und objektiven Analyse realer, komplexer Probleme nutzt? Crowd-basierte Plattformen nutzen dafür beispielsweise Massen von Daten und Mathematik. Zu einer bestimmten Frage werden alle im Netz auffindbaren Informationen gesammelt, ein komplexes Problem wird also in einfache Fragestellungen zerlegt und mit Wahrscheinlichkeiten belegt. Anhand der Bayesschen Regel (benannte nach dem Mathematiker Th. Bayes) könnten dann aus den Wahrscheinlichkeiten der einzelnen Informationen, die Wahrscheinlichkeiten der jeweiligen Hauptfragestellung formuliert werden.

Mathematisch deshalb, weil man glaubt, man könne der menschlichen Intuition in der Bewertung von Wahrscheinlichkeiten nur bis zu einem gewissen Komplexitätsgrad vertrauen, ansonsten lasse sich nämlich jeder Mensch in der Bewertung von Ereignissen immer von seinem eigenen Weltbild leiten. Beispiel Gedächtnis: Unser Gehirn kann die Realität nicht vollständig aufnehmen und abspeichern. Wenn Erinnerungen lückenhaft sind, werden unbewusst Dinge ergänzt (hinzu erfunden), um eine möglichst vollständige Erinnerungskette (ein schlüssiges Gesamtbild) zu schaffen. Auch ein sogenanntes fotografisches Gedächtnis (was diesem Bild widersprechen würde) gibt es nicht. Gerade aber die Fehlerhaftigkeit der Erinnerung demonstriert aber, wie flexibel das Gehirn arbeitet und wie einfallsreich es Lücken schließt. Nur dank dieser Flexibilität kann man kreativ sein, Probleme lösen und Informationen in neue Zusammenhänge bringen, während eine Festplatte eben nur Daten speichern kann.

Regionale Identitäten - grundsätzlich gibt es im Markt keine schlechten Standorte, sondern lediglich solche, die nicht für jede Nutzung und jedes Unternehmen geeignet sind

Beispielsweise: mitten im Ballungsraum Rhein-Main entwickeln sich Städte und Kreise recht unterschiedlich: da gibt es beispielsweise einen Siedlungsschwerpunkt (Niederroden), dem nur noch die Funktion bleibt, Wohnort für Familien mit Kindern und Alte zu sein. Eine Kommune, die in „einem undefinierbaren Zwischenzustand" nicht richtig Stadt sei (Urbanität findet woanders statt), aber auch nichts Ländliches mehr zu bieten habe. Ein übergeordneter Blick wird umso dringender gebraucht, je mehr Menschen in großer Zahl in den Ballungsraum strömen und Wohnungen suchen. Für die Region geht es um ein Verständnis, mehr als nur ein zusammengewürfelter Haufen prosperierender Gemeinden zu sein. Kommunen stehen aber (mehr denn je) im Wettstreit um Unternehmen und einkommensstarke Bürger. Deshalb dürfte es auch nicht allzu sehr verwundern, wenn die eine oder andere Kommune versucht, übergeordnete Prinzipien mit dem Umgang von Flächen zu umgehen. Die Versuchung für einen Standort: die eigene Entwicklung vorantreiben, ohne Rücksicht auf Nachbarn, Flächenverbrauch, Frischluftschneisen und Naturschutz zu nehmen (mit Wohngebieten wächst immer auch der Verkehr). Eine regionale Planungsgesellschaft soll deshalb als Regulativ wirken, damit Standorte sich zwar individuell entwickeln und wachsen können, ohne dass hierbei zu viele Freiflächen verloren gehen können. Wenn jeder nur vor sich hinwurstelt, tut dies der ganzen Region nicht gut.

Eine (politische) Instanz soll festlegen, wo in dem großstädtischen Verflechtungsraum neue Siedlungen, Wohn- und Gewerbegebieten entstehen sollen (Flächennutzungsplan). Besondere Anziehungskraft geht von der Stadt Frankfurt aus. Wenn hier in jedem Jahr mit 15.000 Neubürgern gerechnet werden muss, drängt sich die Frage auf: wo werden diese Menschen alle wohnen ? So sind für die Rhein-Main-Region u.a. große Pendlerströme charakteristisch (allein nach Frankfurt strömen jeden Tag mehr als 300.000 Menschen). Als Einkaufszentren (mit dem Auto gut erreichbar) vor den Toren der Großstadt auf der grünen Wiese entstanden, bekamen einige Kommunen die Folgen zu spüren und mussten in ihren Innenstädten Leerstände verbuchen. Um Abhilfe zu schaffen, wurde ein regionales Einzelhandelskonzept entwickelt: mit dem Ziel, die Innenstädte zu stärken. Rhein-Main definiert sich als eine (von elf deutschen) Monopolregion (mit 5,5 Millionen Einwohnern), die weit über Hessens Landesgrenzen hinausreicht. „Wer ein Frankfurt/Rhein-Main im Bewusstsein verankern will, muss der Region eine Wiedererkennbarkeit geben. Beispielsweise wurden „Regionale Grünzüge" benannt: d.h. Flächen, die fortan nicht mehr bebaut werden sollten. Ein Regionalpark wurde als ein Netzwerk aus Wegen konzipiert, die diese Grünzüge durchziehen und sie zum Erholungsgebiet machen (es wurde eine ca. 200 km lange Rundroute geschaffen, die einen großen Bogen um Frankfurt durch die Region schlägt. Es geht darum, die (noch vorhandene) Landschaft aufzuwerten und zu einem attraktiven Erholungsraum zu machen.

Der Markt der Standorte wird aus unterschiedlichen Sichtweisen und Blickwinkeln betrachtet: a) nachfrageorientierte Sichtweise der Standortsuche von Unternehmen, b) angebotsorientierte Sichtweise des Standortmarketing von Gemeinden, Städten und Regionen oder c) innenbezogene Sichtweise für interne Diskussionen und Abstimmungen. Da auf der Angebotsseite des Standortmarktes die Standortökonomie weicher Faktoren nicht nur interne Planungs-, Verwaltungs- und Entscheidungsprozesse unterstützt, sondern auch der Kommunikation nach außen (beispielsweise mit Investment Professionals der Nachfrageseite) dienen soll, sollte vorab geklärt werden, auf welche Weise in der Praxis der Ablauf einer Standortsuche erfolgt: typischerweise erfolgt dabei ein Abgleich der Standortanforderungen (des suchenden Unternehmens) mit den Standortbedingungen (der anbietenden Kommune). Die nachfrageorientierte Standortsuche eines Unternehmens beginnt mit der Aufstellung eines Systems von Standortanforderungen und erstellt hieraus eine Rangfolge hinsichtlich ihrer Bedeutung (einschl. Gewichtung) für die Ansiedlung. Auf dieser Basis werden innerhalb eines in der Regel engen Suchraumes mögliche Standortalternativen meist aufgrund von Erfahrungswerten der Entscheidungsträger oder punktueller Analysen beurteilt. Abschließend wird dann ein Vergleich der Standortanforderungen mit den Standortbedingungen ausgesuchter möglicher Standorte (z.B. durch Punktbewertungsmodell, Nutzwertanalyse, Profilmethode) vorgenommen.

Neue soziale Zeitordnung

Vielleicht hat der menschlich gemachte Klimawandel ja sogar das Zeug, die nächste Eiszeit zu verhindern. Jedenfalls weitgehend unstrittig ist wohl: „dass Staudämme die Deltagebiete absacken lassen, weil sie Sedimente zurückhalten, dass synthetische Chemikalien in den entlegensten Weltgegenden detektierbar sind, dass der Mensch Tierarten ausrottet und so aus dem Fossilienbestand der Zukunft entfernt". Auch scheint es, dass wir die erste neue Erdepoche haben, die eine Konsequenz des eigenen Handelns ist. Ist es wirkliche eine Epoche, in der „Wünsche, Pläne, Wissen und Handlungen einer einzigen Spezies den Fortgang der Erdgeschichte beeinflussen?" In der Generationen von Wissenschaftlern (Geologen u.a.) einzig dafür ausgebildet wurden (werden), um Tunnel zu graben, Erze und fossile Brennstoffe zu fördern, Deponien für Abfälle zu schaffen? Das soziale Chaos, das die industrielle Revolution hervorgerufen hat und das die Gesellschaft an den Rand des Zusammenbruchs alter Strukturen führen sollte, wird auch als „neue soziale Zeitordnung" beschrieben: Architekten entwerfen Städte, die sich in den Stoffwechsel der Biosphäre integrieren, Wissenschaftler suchen nach einer Antwort, „wie lang und gewaltig der Hebel ist, mit dem die heutigen Industriegesellschaften Einfluss auf Klima, Evolution und geologische Beschaffenheit der künftigen Erde nehmen?"

Wenn der Standort-Bildschirm zielgenau auf bestimmte Einzelaspekte ausgerichtet und „gezoomt" werden soll, muss dabei trotzdem zu jeder Zeit der systematische Gesamtzusammenhang gewahrt bleiben

Trotz noch so umfassender und detailreicher Standortanalysen wird es auch Planungs- und Entscheidungsprobleme geben, für die der Detailgrad der zur Verfügung stehenden Indikatoren nicht ausreichend wäre und deshalb ausgewählte Einzelfaktoren zum Gegenstand umfangreicher Sonderanalysen gemacht werden müssen. Wenn aber der Standort-Bildschirm zielgenau auf bestimmte Einzelaspekte ausgerichtet und „gezoomt" werden soll, muss dabei trotzdem zu jeder Zeit der systematische Gesamtzusammenhang gewahrt bleiben. D.h. alle Standortfaktoren sollten durchgängig in ihren Bewertungen, Messungen, Wirkungsbeziehungen und Auswertungen abstimmfähig gehalten werden. Die rechnerische Auswertung von zahlreichen Einzelindikatoren wird erst dann fruchtbringend, wenn sie zu Kennzahlenbündeln führt, die standortrelevante Informationen sinnvoll ordnen.

Obwohl Standorte auf der Ebene von kreisfreien Städten und Gemeinden die vielfältigsten Ansiedlungsmöglichkeiten und Standortbedingungen aufweisen und die Ausprägungen einzelner Standortfaktoren dabei um mehrere Hundertprozentpunkte differieren können, prüfen standortsuchende Unternehmen gemäß einer Untersuchung der Forschungsstelle für empirische Sozialökonomik (Köln) durchschnittlich lediglich 2, im Höchstfall nur bis zu 6 Standortalternativen. Der Grund hierfür liegt darin, dass sich eine flächendeckende Prüfung aller Standortalternativen auf Gemeindeebene bereits bei einer kleinen Zahl von Standortfaktoren schwierig gestalten kann, d.h. eine nachfragebezogene Untersuchung der nahezu 14.000 Städte und Gemeinden in Deutschland ist mit herkömmlichen Methoden nicht möglich. Umso mehr kommt es darauf an, dass mit dem Verfahren einer angebotsbezogenen Standortbilanz eine Möglichkeit geschaffen wird, die genutzt werden kann, um möglichst frühzeitig und sicher in die Festlegung des Standortsuchraumes und der jeweils von Investment Professionals untersuchten Standortalternativen zu gelangen. Von der Angebotsseite her muss Klarheit darüber geschaffen werden, aus welchen Positionen sich das immaterielle Kapital eines Standortes überhaupt zusammensetzt. Im Rahmen einer hier angesprochenen Systematik erfolgt dies mit folgenden 5 Hauptpositionen: *Standort-Prozesse (GP), Standort- Erfolgsfaktoren (GE), Standort-Humankapital (HK), Standort-Strukturkapital (SK) und Standort-Beziehungskapital (BK)*. Für jede dieser 5 Kapitalkategorien eines Standortes werden jeweils ca. 5 der wichtigsten Einflussfaktoren definiert, d.h. als Ergebnis erhält man eine Übersichtsliste von ca. 25 Beispielen von für die Standortentwicklung relevanten Einflussfaktoren.

Gruppenbildung der Standortfaktoren, beispielsweise *Gruppe 1:* Bilanzierung und Steuerung „weiche" Standortfaktoren, STEK Standortentwicklungskonzept, STEL Standortleitbild, Standort- und City-Marketing, Wirtschaftsförderung – Akquisition Unternehmen, Wirtschaftsförderung – Bestandspflege ortsansässige

Unternehmen, Existenzgründungs-/Beratungsunterstützung, regionale Förderungen, Nähe zu Forschung/Entwicklung, High-Tech-Strategien, Standort- Kostenfaktoren (Gewerbesteuer, Energie u.a.), Attraktivität, Image, sonstige Rahmenbedingungen, Entwicklungspotenziale, Handlungsspielräume, Finanzlage. *Gruppe 3:* Einwohnerstruktur, soziales Umfeld, Sicherheit, Kaufkraft, verfügbare Einkommen, Konsumverhalten, intellektuelles Wissenskapital, Kompetenznetzwerke, Arbeitskräftepotenzial, verfügbare Fachqualifikationen, eGovernment, kommunale Kompetenzen/Verwaltungsprozesse. *Gruppe 4:* Gewerbeimmobilienpotenziale, Erweiterungsoptionen, Wohn- und Lebensqualität, Freizeit-, Sportangebote, Infrastruktur, Einkaufsmöglichkeiten, wohnraumnaher Einkauf, Gesundheits-, Betreuungseinrichtungen, Ärzte, Apotheken, Bildung (Aus-, Weiterbildung, Forschung), Kultureinrichtungen. *Gruppe 5:* Verkehrsanbindungen, Logistikkapazitäten, Standort- Benchmarking, regionale Standortbeziehungen, Clustermanagement, Branchenbeziehungen, Kooperationen, Kongresse, Messen, Tagungen, soziale Netzwerke, Beziehungen Wirtschaft - Wissenschaft – Politik.

In Standortdaten liegen noch viele ungehobene Schätze

Daten sind für sich gesehen zunächst weder schlecht noch gut: alles hängt davon ab, was man aus ihnen macht und wie man sie verwendet. Daten sind auch noch keine Informationen und Informationen sind auch noch kein Wissen. Will man etwas Gutes tun, muss man hierfür oft auch Daten haben und auswerten können: das ist in der Standortanalyse und in vielen anderen Wirtschaftsbereichen so. Wenn Daten das Erdöl des 21. Jahrhunderts sind, darf man mit diesen genauso wenig verschwenderisch umgehen, sondern muss ihre Potenziale ausschöpfen. Vor allem kommt es darauf an, nicht nur den ökonomischen Interessen zu folgen, sondern unabhängig hiervon mögliche Gefahren und Risiken ungebremster Datensammlungen zu identifizieren und eine ergebnisoffene Abwägung von Kosten und Nutzen, von Stärken und Schwächen sowie von Risiken und Chancen vorzunehmen.

Wenn im Begleitprogramm der digitalen Revolutionen Unternehmen, Institutionen u.a. zur Clearingstellen persönlicher Identitäten werden heißt dieses, dass Macht sich an zentralen Stellen konzentriert: Mächte also, die transparent, regelbar und kontrollierbar sein müssen. Das Internet ist u.a. mit dem Phänomen Google zu einem solchen Drehkreuz von Informationen geworden, dass viele Unternehmen ohne dieses Instrument überhaupt nicht existenzfähig wären. Wer in solcher Weise vom Internet abhängig ist, muss zudem bizarre Verrenkungen anstellen, um den Google-Algorithmen zu gefallen und in den Ergebnislisten möglichst weit vorne wahrgenommen zu werden. Entscheidend ist hierbei nicht etwa noch das hunderttausendste Suchergebnis, sondern einzig und allein jenes, das auf den vordersten eins bis zehn Plätzen der Ergebnisliste auftaucht. Fatal nur, dass jene im Verborgenen wirkenden Algorithmen ihre Beschaffenheit mit schöner Regelmäßigkeit ändern und es für die Weltgemeinde der Internetnutzer immer wieder auf ein Neues heißt: neues Spiel, neues Glück, Ihren Einsatz bitte.

Alle Anstrengungen und Investitionen in eine versuchte Suchmaschinenoptimierung also vergebens: eine Gruppe anonymer kalifornischer Techniker, Mathematiker u.a. entscheidet also darüber, wer wie in der digitalen Welt sichtbar und damit vielleicht überhaupt erst existent ist. Diametral entgegengesetzt zu diesem Streben nach Internet-Präsenz steht nunmehr deutlicher artikuliert das Streben danach, im Dunkeln des digitalen Vergessenwerdens zu verharren. Hier dreht sich alles um den Kern, von jenen geheimen Google-Algorithmen nicht erkannt oder besser überhaupt nicht erst erfasst zu werden: Ziel ist die Unsichtbarkeit im Netz. Diskussionen zwischen wirklichen oder manchmal auch nur selbsternannten Netz-Spezialisten machen eines deutlich: die Welt für Otto Normalverbraucher liegt realistischerweise irgendwo zwischen diesen beiden Extrempunkten. Insofern ist die Informationsqualität des Netzes an vielen Stellen auch eher beschränkt: es gibt eine gewaltige Flut der Informationsverschmutzung, die das Netz mit falschen Daten zumüllt. Denn jedermann ist darauf bedacht, aufrichtige Informationen und Meinungen zurückzuhalten, um von sich ein möglichst positives Scheinbild zu erzeugen, dass auch noch Anerkennung bei fernen Algorithmen-Technikern findet. Statt Informationen zu dem „so sind wir" gibt es mehr verzerrte Informationen zu dem „so wollen wir sein": alles wird dem Bild untergeordnet, dass man online abgeben möchte.

Grundverständnis über die wesentlichen Geschäftsprozesse des Standortes und deren Bedeutung - die wesentlichen Themengebiete zur Wirtschaftsentwicklung des Standortes abbilden

Es geht um die Abbildung des Geschäfts- (Standortentwicklungs-)modells in prozessorientierter Sicht: die Prozesse werden hierzu als Aktivitätsbündel definiert. Es sollen die für Wirtschaftsentwicklung/Standort relevanten, d.h. wertschöpfenden Kernprozesse herausgearbeitet und beschrieben werden. Solche Kernprozesse müssen/sollten einen Mehrwert für ansässige Firmen, Ansiedlungsinteressenten, Investoren u.a. schaffen können. Fragen: Welches sind die wichtigen Kernprozesse, z.B. Verwaltungsprozesse (bürokratische Abläufe, Genehmigungsverfahren u.a.), Standortmarketing (z.B. Markt-/Konkurrenzanalyse, Info-Material, Neukundengewinnung, Imageförderung, Standortsicherung u.a.), Wirtschaftsförderung (Bestandspflege, Fördermittel u.a.)? Wie können so definierte Kernprozesse a) quantitativ und b) qualitativ bewertet werden? Welche Indikatoren, Kennzahlen (Maßeinheiten: %, Anzahl, Euro etc.) können ggf. diesen Kernprozessen zugeordnet werden?

Wie stehen die Chancen für eine erfolgreiche Standortbilanzierung: wird die wirtschaftliche Stellung und Wettbewerbsfähigkeit des Standortes analysiert? besteht Klarheit über die erfolgsrelevanten Wachstumsfaktoren des Standortes? Werden alle erfolgsrelevanten Standortfaktoren und deren Einfluss auf die Wachstumsraten detailliert erfasst und untersucht? Um für die Standortbilanz einen optimalen Erstellungsprozess und Kosten-

/Nutzen-Effizienz zu gewährleisten ist vorab zu prüfen, ob einige Eignungs-Voraussetzungen gegeben sind. *Fitness-Checkliste*: Sind die Mitglieder des Projektes mit intellektuell anspruchsvollen Tätigkeiten vertraut? haben sie sich bereits früher mit Controlling- und Managementsystemen (z.B. Prozessmodelle, Balanced Scorecard o.ä.) beschäftigt? Wird die Standortbilanzierung durch die Wirtschaftsförderung gewollt und unterstützt? Auf kommunaler Ebene sind manchmal zu wenige Personen verfügbar, die ausreichend betriebswirtschaftliche Qualifikationen aufweisen. Es sollte daher auch auf externes Wissen zurückgegriffen werden. Ist die Wirtschaftsförderung bereit, Zeit und Ressourcen für die Standortbilanzierung bereit zu stellen? Wird die Standortbilanzierung auch bei den Kommunalpolitikern als wichtiges Projekt gesehen? Können Personen aus unterschiedlichen Bereichen des Standortes einbezogen werden? Kann offen und konstruktiv über alle Stärken und Schwächen diskutiert werden? Ist die politische Führung offen für Vorschläge und Veränderungen? Werden "weiche Faktoren" als wichtige Erfolgsfaktoren anerkannt? Werden Zukunftsthemen angesprochen und bereits diskutiert? Liegt eine dokumentierte und kommunizierte Strategie vor?

Es ist notwendig, auf der Ebene der Kommunalpolitik einen Lernprozess anzustoßen und in Gang zu setzen. Ein Hebel hierfür können die unübersehbaren Nutzenaspekte einer Standortbilanz sein. Gibt es detaillierte Erkenntnisse darüber, in welchem Umfang die vorhandenen Potentiale des Standortes ausgeschöpft werden? wie lässt sich der Standort überregional einordnen? was sind die Bestimmungsfaktoren für eine gute (oder auch weniger gute) Performance? was ließe sich verbessern? Unter einem pragmatischen Gesichtswinkel sind zunächst die verfügbaren Daten und Informationen zu nutzen. Da die Standortbilanzierung auch Längsschnittanalysen (d.h. Verlaufsanalysen) ermöglichen soll, bleibt die regelmäßige Verfügbarkeit ein wichtiges Auswahlkriterium vor allem für Daten, denen Indikatorqualität zugesprochen wird. Qualitative Informationen durch Expertenbefragungen lassen sich meist nur in aufwendiger, meist nicht auf regelmäßige Wiederholung angelegter Feldarbeit, erheben.

Gibt es für den Standort ein allgemein abgestimmtes und akzeptiertes Leitbild? Gehen die Initiativen zu einem Leitbild grundsätzlich von den politischen Entscheidungsträgern aus? Wird mit dem Instrument des moderierten Planungsverfahrens für einen breiten Konsens gesorgt? Werden Planungskosten gesenkt und Zeit gespart, indem Bürger frühzeitig informiert und eingebunden werden? Meist gibt es lediglich einen, zudem nur älteren, Entwurf mit einigen eher allgemein gehaltenen und unverbindlichen Thesen. Insbesondere in partizipativen Verfahren muss deutlich werden, welche späteren Entscheidungen im politischen Raum tatsächlich durch den informellen Planungsprozess beeinflusst werden können und welche nicht: überzogene Erwartungen bergen die Gefahr der Enttäuschung und Frustration. Oft wird ein Projekt durch subjektive Einschätzungen behindert, die nicht verifiziert werden: es fehlt meist nicht an Wissen, sondern an Informationsaustausch. D.h. über die Moderation muss Wissen an die Entscheidungsträger verteilt werden.

Darüber hinaus hat ein Moderator von Planungsverfahren die Aufgabe, komplexe und unübersichtliche Zusammenhänge so aufzubereiten, dass sie für den Entscheidungsprozess (die Entscheidungssituation vor Ort ist auch durch soziale und kommunikative Prozesse geprägt, vieles läuft auf der sozialen und emotionalen Ebene ab) eingesetzt werden können.

Wird das Leitbild auch als Kommunikationsinstrument nach außen eingesetzt? Wird das Standortentwicklungskonzept in regelmäßigen Abständen auf den Prüfstand gestellt? Wird das Standortentwicklungskonzept systematisch fortgeschrieben und weiterentwickelt? Wird für den Standort eine umfassende SWOT-Analyse erstellt? Notwendig ist eine detaillierte Definition des Standort-Leitbildes in drei großen Schritten. *1. Präambel:* Hier wird der Anlass zur Leitbilderstellung nochmals kurz dargestellt. Auch der Stellenwert, den man dem Leitbild beimessen will, soll hier zum Ausdruck gebracht werden. *2. Kernleitbild:* pro Themenbereich (ca. 4-7) sollte ein zentrales Statement als Kernsatz ausgewählt werden. Diese 4-7 Kernsätze bilden zusammen das möglichst konzentriert gefasste Kernleitbild. *3. Erweitertes Leitbild:* auf ca. 1 Seite wird nunmehr jeder der 4-7 Themenbereiche nochmals vertieft. Jede Seite beginnt mit dem entsprechenden Kernsatz. Danach folgt ein kurzer Zwischentext, der erklärt, mit welchem Verständnis man an die Thematik herangegangen ist. Dann folgen ca. 5-8 weitere spezifisch themenbezogene Aussagen.

Wird das Leitbild schriftlich fixiert? enthält es Aussagen zu zentralen Werten/Anliegen, Aktivitätsfeldern und konkreten Zielen? Sind in dem Leitbild Aussagen darüber enthalten, wie sich der Standort für die Bewältigung von Zukunftsfragen positionieren will, die Netzwerke in seinem Bereich verdichten will, die Wissens-/Innovations-/Kulturlandschaft weiter entwickeln will? Nein, d.h. empfehlenswert ist: das Leitbild erfüllt eine Orientierungsfunktion für ein gemeinsam abgestimmtes Handeln. Es wirkt als eine Art Kompass, der das Verhalten der verschiedenen Beteiligten koordinieren hilft. Das Leitbild schärft den Blick für den Geschäftsauftrag, indem es klar werden lässt, auf welchen Feldern man tätig werden will und wo nicht. Das Leitbild eröffnet die Möglichkeit, sich für bestimmte Entscheidungen zu rechtfertigen, indem man Begründungszusammenhänge mit angibt.

Intellektuelle Anstrengung und Kompetenz bedeuten, alle Elemente, d.h. auch und gerade die nicht quantifizierbaren, in Entscheidungen einfließen zu lassen

Standortwissen und Fachkenntnis müssen in einem schnelllebigen Marktumfeld mit kompetenten Analysen unterstützt werden können. Denn nur dies ermöglicht: strategische Entscheidungen auf Basis aktueller und maßgeschneideter Informationen treffen zu können. Datenanalyse und individualisierte Informationsgenerierung spielen eine immer bedeutsamere Rolle: die flexible Generierungsmöglichkeit für entscheidungsrelevante Ergebnisinformationen sind ein immer wichtigerer Bestandteil erfolgreichen Handelns. Die besten Analysen verlieren jedoch an Wert, wenn ihre Aussagen nicht umgesetzt werden können. Dazu müssen: a) Daten aus verschiedenen Quellen zusammengeführt und angepasst werden, b) mit diesen Daten situationsspezifische Berichte generiert werden, c) vertiefte statistische Analysen erstellt werden, d) Reports, Analysen auch aktuell mit externen Zusatzinformationen angereichert werden.

Die Bildung und Auswertung von Kennzahlen setzt zunächst voraus, dass man sich der Grenzen ihrer Aussagefähigkeit bewusst ist. So darf nicht übersehen werden, dass Kennzahlen in ihrer mathematischen Formalisierung oft statisch sind und die Dynamik ablaufender Prozesse nicht immer genau zeitnah abbilden. Nicht aus dem Auge verloren werden sollte, dass vergangenheitsbezogene Kennzahlen nur bedingte Aussagen über die Gegenwart und noch weniger Aussagen über die Zukunft zulassen, statische Kennzahlen nur stichtagbezogene Situationen widerspiegeln und damit nicht Bewegungsabläufe über Zeiträume erfassen können. Kennzahlen dürfen nicht isoliert interpretiert werden, sondern müssen sich einer bestimmten Systematik zuordnen lassen. Integrierte Kennzahlensysteme sind immer Mittel-Zweck-Beziehungen, die aus einem übergeordneten Zielsystem abzuleiten sind. Das wichtigste Element einer Kennzahl bleibt ihr Informationscharakter, um auch komplizierte Tatbestände in konzentrierter Form quantifizieren zu können.

Die rechnerische Kennzahlenzerlegung wird erst dann fruchtbringend, wenn sie zu Kennzahlenbündeln führt, die vorhandene Informationen sinnvoll ordnen. Kennzahlenbündel haben die Aufgabe, die Spitzenkennzahl des Systems analytisch bezüglich der sie dimensionierenden Einflussgrößen zu erklären. Zum Wesen eines Kennzahlensystems gehört daher die Beantwortung der Fragen nach Verhältnismäßigkeit (durch Kennzahlenvergleich) und Ursächlichkeit (durch Kennzahlenzerlegung). Entscheidend ist, dass man nicht einer Kennzahlengläubigkeit verfällt und ihnen nicht bei allen Entscheidungen nur noch sklavisch folgt. Nur allzu leicht werden qualitative Aspekte als irrelevant ausgeklammert, da man sie nicht in einem Zahlengerüst bis auf die Nachkommastelle genau quantifizieren kann. Gerade bei komplizierten Sachverhalten und Entscheidungssituationen kommt es manchmal auf diese qualitativen Aspekte an. Werden bei der Entwicklung von immer noch weiter ausgefeilten Kennzahlen bei dem Wunsch nach Komplexitätsreduktion diese qualitativen Unwägbarkeiten ausgeblendet, können Entscheidungen in die Irre führen. Entscheidungen haben eben oft ein schwierigeres Umfeld als ein Cockpit mit grünen, gelben und roten Lämpchen. Es ist ein Zeichen guter Entscheider, dass sie sich zwar der immer raffinierteren Kennzahlentools zu bedienen wissen, neben allen Zahlen und Daten aber trotzdem ein hohes Maß qualitativer Komponenten einbeziehen. Bauchentscheidungen und Kennzahlenentscheidungen sind keine sich ausschließende sondern sich ergänzende Erfolgselemente.

Eine Bestandsaufnahme mit einer sorgfältigen Identifikation und Evaluation kritischer Fähigkeiten ist eine unerlässliche Voraussetzung für das Management der Standortressourcen - das Instrument einer Standortbilanz ermöglicht die ansonsten sehr aufwendige Analyse von Kausalnetzen, deren Knoten innerhalb und außerhalb des Standortes liegen können

Wenn der Standort seine Fähigkeiten nicht kennt, verpasst er auch die Gelegenheit, sie zu nutzen. Die Schaffung interner Wissenstransparenz umfasst die Feststellung des Status-Quo. Dabei treten viele, ansonsten kaum erkennbare Zusammenhänge, Kausalbeziehungen und Vernetzungen zutage. Standort-Geschäftserfolge ergeben sich nicht automatisch, sondern müssen gezielt angestrebt werden: in diesem Fall geht es um mehr Transparenz über erfolgswirksame Standortfaktoren. Standort-Erfolgsfaktoren (GE) bündeln, hebeln: Es geht um mehr Transparenz über erfolgswirksame Standortfaktoren. Wer im Standortwettbewerb erfolgreich sein will, muss seine Erfolgshebel zuvor systematisch identifiziert haben. Standortentscheidungen werden aufgrund von operativen Kriterien, allgemeinem wirtschaftlichen Umfeld oder finanziellen Kriterien getroffen. Unter operative Kriterien fallen jene Faktoren, die den geschäftlichen Ablauf unmittelbar beeinflussen können (Qualität der Infrastruktur mit Transport/Logistik, Qualifikation/Flexibilität der Arbeitnehmer, Verfügbarkeit von Gewerbeflächen u.a.). Unter Kriterien zum allgemeinen wirtschaftlichen Umfeld fallen Faktoren wie soziale Struktur, regionale Kompetenzen, Lebensqualität. Finanzielle Kriterien beinhalten Aspekte, die einen direkten Einfluss auf die Kostenstruktur eines potenziellen Investments haben (z.B. Arbeitskosten, Steuerlast, Verfügbarkeit von Fördermitteln.

Weiterführend zur Definition/Beschreibung der Kernprozesse des Standortes müssen die Faktoren identifiziert und beschrieben werden, mit denen diese Prozesse letztendlich zum Erfolg geführt werden können. Daraus folgt: Die Erfolgsfaktoren des Standortes leiten sich von den zuvor definierten Kernprozessen ab. D.h. Hauptfaktoren, die den Standort nach vorne bringen, an denen der Erfolg des Standortes festgemacht werden kann. Fragen: Welche sind die wichtigsten Standort-Erfolgsfaktoren?, z.B. Gewerbesteuereinnahmen, Arbeitskosten, Kundenzufriedenheit (Standortimage, Wachstums-/Ausbaupotential, Anpassungsgeschwindigkeit/ Innovations- und Reaktionsfähigkeit bezüglich Wandel der Rahmenbedingungen, Flexibilität hinsichtlich Kundenbedürfnissen u.a.).

Erfolgsfaktoren sind vor allem auch Erfolgspotentiale: Für die Messung werden daher Indikatoren zur %-Ausschöpfung der Erfolgspotentiale (Potentialausschöpfungs-Indikatoren) abgeleitet. Nach der Justierung eines Benchmark-Wertes erhält man das realistische Potenzial, für das konkrete, umsetzbare Optimierungsmaßnahmen abgeleitet werden können. Das Zahlenkleid eines Standortes muss hierbei vielen Anforderungen und Wünschen gerecht werden. Als da wären: Es soll ein möglichst zeit- und wirklichkeitsnahes Abbild zu vielfältigen und komplexen Sachverhalten abgeben, es soll möglichst transparent und nachvollziehbar sein, um als breite Kommunikations- und Diskussionsplattform die Vorbereitung von oft kontroversen Standortentscheidungen unterstützen zu können, es soll die Basis für Vergleiche mit anderen Standorten bereitstellen, es soll Entscheidungs- und Informationshilfe für Ansiedlungsinteressierte gleichzeitig sein und es soll potentielle Investoren aufmerksam machen und für den Standort einnehmen.

Strategisches Denken und Planen – eine Symbiose zwischen Management der Chancen und Management der Risiken optimieren

Um Erfolg zu haben, wird bei vielen zielorientierten Sachverhalten zunächst versucht, alle irgendwie damit zusammenhängenden Risiken zu identifizieren und nach Möglichkeit zu umgehen oder ganz auszuschalten. Eine einseitige Fokussierung auf das Risikomanagement drängt möglicherweise aber gleichzeitig vorhandene Chancen mit einer Ausschöpfung möglicher Potentiale zu sehr in den Hintergrund. Richtet sich alle Konzentration einseitig nur auf Ziele, hat man zwar einen Kompass mit klaren Hinweisen vor Augen und kann sich an einer klaren Marschrichtung ausrichten und orientieren. Der Preis hierfür ist unter Umständen aber eine Verengung des Handlungs- und Entscheidungsfeldes, da der Blick auf möglicherweise vorhandene Optionen verstellt ist. Allzu leicht und bequem wird eine Lösung dann als alternativlos bewertet und befolgt. Eine SWOT-Analyse berücksichtigt neben Stärken (= Strengths) und Schwächen (= Weaknesses) auch Gelegenheiten/Chancen (= Opportunities) und Bedrohungen/Risiken (= Threats). Auf dieser Grundlage kann versucht werden, für strategische Sachverhalte geeignete Stoßrichtungen zu entwickeln, die zur Übersicht und Abstimmung in einer 4-Felder-Matrix abgetragen werden können.

Ressourcen und Erfolgspotenziale eines strategischen Sachverhaltes lassen sich zunächst allgemein mit der Methode der Stärken-/Schwächenanalyse bewerten. Unter Zuhilfenahme einer

SWOT-Matrix kann eine der angelegten Achsen in ein positiv besetztes Feld (= Opportunities) und in ein negativ besetztes Feld (= Threats) unterteilt werden. Analog wird eine weitere Achse in ein positiv besetztes Feld (= Strengths) und in ein negativ besetztes Feld (= Weaknesses) unterteilt. Der Begriff SWOT setzt sich dann aus den Anfangsbuchstaben dieser 4 Felder zusammen. Im Feld für die Strengths-Opportunities- Kombination werden somit SO-Strategien eingetragen, mit denen vorhandene Stärken eingesetzt werden sollen, um die Chancen zu nutzen. Im Feld für die Strengths-Threats-Kombination werden ST-Strategien eingetragen, mit denen die eigenen Stärken zur Abwehr möglicher Risiken eingesetzt werden sollen. Im Feld für die Weaknesses-Opportunities-Kombination werden WO-Strategien eingetragen, mit denen durch Nutzungen von Gelegenheiten/ Chancen die eigenen Schwächen überwunden werden sollen. Im Feld für die Weakness-Threat-Kombination werden WT-Strategien eingetragen, mit denen die eigenen Schwächen gemildert und Risiken vermieden werden sollen.

Die SWOT-Analyse ist abgeschlossen, wenn in jedem Kombinationsfeld entsprechende Strategien enthalten sind. In einer Welt der Entscheidungen unter Unsicherheit schwächen durch Außerachtlassung von Möglichkeiten und Chancen verkürzte Szenarien die eigene Position. Auf die Dynamik eines sich laufend ändernden Umfeldes kann man sich am besten durch ein nach allen Seiten offenes System einstellen. Strategisches Denken ist daher einen fortlaufender Optimierungsprozess aus geistigen und kreativen Anstrengungen. Hierbei können nicht nur bestehende, sondern vor allem auch alle ansonsten potentiellen Chancen umfassend identifiziert und analysiert werden. Der Lohn ist nicht zuletzt auch mehr Entscheidungsfreiheit. Mit dem methodischen Ansatz einer hierfür zu entwickelnden Standortbilanz kann für die Chancen als Grundlage des Erfolges ein Spiel der Möglichkeiten eröffnet werden.

Wie eng hängen Wachstumsraten und Wohlstand eines Landes, einer Region, eines spezifischen Standortes mit den Kompetenzen der Menschen, dem Wissenskapital, zusammen?

Was ist dran an der Theorie zur Bedeutung von Wissens- und Humankapital für den Wohlstand eines Standortes? Ist Bildung immer gleich Bildung? Ein Jahr Bildung in Lateinamerika vermittelt vielleicht ganz unterschiedlich viel Wissen, Kompetenzen und Fertigkeiten als ein Jahr Bildung in Ostasien? „Die Unterschiede sind frappierend: Ostasiatische Schüler sind ihren Altersgenossen in Lateinamerika wissensmäßig um drei Schuljahre voraus, denen in Subsahara-Afrika sogar um vier Schuljahre. Je Bildungsjahr weisen die Menschen in Lateinamerika und Afrika also schlichtweg wesentlich weniger erworbenes Wissen auf als in Ostasien". Bildungsforscher kommen zu dem Schluss: dass sich die unterschiedliche Wirtschaftsentwicklung verschiedener Länder auf die Unterschiede in den Kompetenzen der Menschen zurückführen lässt.

Jeder Standort ist anders und weist ganz spezifische Bedingungen auf, die u.a. von klimatischen, geographischen, politischen und sozio-ökonomischen Bedingungen bestimmt werden. Die natürlichen Standortvorteile (Rohstoffvorräte, Hafennähe), die im Zeitalter der Industrialisierung noch bestimmte Standorte privilegiert hatten, spielen eine immer geringere Rolle, weniger Transportkosten verschaffen vergleichbaren Standorten damit eine relative Chancengleichheit. Unter den Standorten gibt es, heute mehr denn je, Gewinner und Verlierer: an einem Standort

Bilder von überfüllten Kindergärten, Schulen, Wohnungen und Büros und leeren an einem anderen Standort. In vielen Fällen entscheidet das Humankapital über Erfolg oder Misserfolg eines Standortes, über die Werthaltigkeit von Gebäuden und Grundstücken. Aufgrund einer Disparität von Standortentwicklungen stehen schrumpfende Standorte auf der anderen Seite wachsenden Regionen gegenüber.

Mit der Gleichzeitigkeit ungleicher Entwicklungen als Folge des wirtschaftlich-strukturellen Wandels steigt auch an vielen Orten die Notwendigkeit von Anpassungen durch einen Standortumbau. Standorte unterliegen einem dynamischen Wandel und Anpassungsdruck: insbesondere der richtige Umgang mit dem verfügbaren Standortkapital als Ressource wird für die Zukunft immer mehr zum entscheidenden Erfolgsfaktor. D.h.: die vorhandenen Ressourcen müssen auf den Ausbau und die Weiterentwicklung des Standortes optimiert werden. Gegenüber dem Management klassischer Produktionsfaktoren hat das Management der Standortfaktoren (speziell der "weichen Standortfaktoren" wie beispielsweise Image als Wirtschaftsstandort, Image als Wohnstandort, Umwelt, Lebensqualität und Sicherheit, unternehmensfreundliche und flexible Verwaltung) seine Zukunft noch vor sich. Gemäß von Untersuchungen erweist sich die Bedeutung von Wissenskapital für die Wirtschaftsentwicklung eines Standortes als relativ robust, wenn andere Wachstumsfaktoren wie institutionelle Rahmenbedingungen oder geographische Gegebenheiten berücksichtigt werden (bessere Bildungsleistungen = mehr wirtschaftliches Wachstum). „Bildung macht die Menschen in ihrer Arbeit produktiver und lässt sie neue Ideen ersinnen und anwenden, die Grundlage für Innovationen, technologischen Fortschritt und damit langfristigen Wohlstand.

In einer zahlenorientierten Finanzwelt reichen zu einer detaillierten Standortbeurteilung nur verbale Darstellungen nicht aus. Eine der Hauptursachen, warum komplizierte, da an vielen Stellen miteinander vernetzte Sachverhalte bislang so wenig greifbar gemacht werden konnten, liegt in der komplizierten Bewertung und Messung immaterieller sogenannter weicher Faktoren begründet. Für Standorte geht es aber gerade darum, anhand von immateriellen Faktoren eine Marktposition zu erobern. Es bedarf daher einer steten Auseinandersetzung mit den Zukunftspotenzialen und dem Zukunftsbild des Standortes. Insbesondere fehlt vielfach noch ein in sich schlüssiges Konzept bzw. Instrument, mit dem sich alle Einzelkomponenten des Standortkapitals vollständig und durchgängig abstimmfähig mit einheitlicher Systematik abbilden lassen. Die Entwicklung von Standorten ist das Ergebnis einer Vielzahl von Faktoren. Aufgrund von Untersuchungen lassen sich einige, besonders relevant erscheinende Bereiche hervorheben. Anhand dieser sowohl wachstumsbeschleunigenden als auch bremsenden Einflussfaktoren, muss jeder Standort für sich genau analysieren, ob er bisher langsamer oder schneller gewachsen ist, sich besser oder schlechter entwickelt hat, als die Standortfaktoren es ihm erlaubt hätten.

Eine strategische Standortbilanz gibt Antwort auf folgende Fragen: Wer sind wir? Welche zentralen Leistungen erbringen wir?

Was haben wir an besonderen immateriellen Ressourcen vorzuweisen? Was sind unsere Alleinstellungsmerkmale? In welche Netzwerke sind wir eingebunden? Wo liegen unsere besonderen Stärken? Welche Strategie verfolgen wir und was tun wir, um sie umzusetzen? Welche Defizite haben wir erkannt und welche Verbesserungen setzen wir in diesen Bereichen um? „Um in der globalen, sich ständig wandelnden Wirtschaft nicht abgehängt zu werden, muss es dem Bildungssystem und der Gesellschaft insgesamt gelingen, die nachwachsende Generation mit hohen Kompetenzen auszustatten". Hierfür müssen anscheinend weder Bildungsdauer noch Bildungsausgaben (wie viele meinen zu scheinen) die wirklich entscheidenden Einflussfaktoren sein.

Die Ressource "Humankapital" weist charakteristische Merkmale auf: als Humankapital des Standortes werden Faktoren identifiziert/beschrieben, die dem Standort nicht gehören und wieder verloren gehen, wenn die Personen oder dieser Personenkreis den Standort verlässt, inaktiv werden u.a. Beim Humankapital (HK)geht es um Fragen wie: Welches Wissen und welche Kompetenzen sind relevant? Welches Verhalten und welche Einstellungen sind wichtig/notwendig? Welche sind die wichtigsten Humankapitale des Standortes?, z.B. qualifiziertes Arbeitskräftepotential (% Uniausbildung, % Ingenieure, % Führungskräfte, % Betriebswirtschaftler, Studierende, Schüler Business School), Kaufkraft, Einwohnerstruktur (weiblich/männlich, alt/jung, % Migrationshintergrund, % deutsch-/fremdsprachig). Wie können die definierten Humankapitalarten a) quantitativ und b) qualitativ bewertet werden? Welche Indikatoren, Kennzahlen (Maßeinheiten %, Anzahl, Euro etc.) können ggf. diesen Humankapitalen zugeordnet werden? Die Qualität des Humankapitals ist für den Standort ein wichtiger Wachstumsfaktor, weil er sowohl Innovation als auch Qualität ermöglicht. Die Qualität des Humankapitals wird mit dem Anteil der Erwerbstätigen mit sekundärer und tertiärer Ausbildung gemessen. Diese Ausbildungsquoten zeigen das vorhandene Innovationspotenzial an.

Das Humankapital (HK) umfasst alle Eigenschaften und Fähigkeiten von Personen, z.B.: Arbeitsqualifikation, soziale Kompetenz, Arbeitsmotivation, Führungskompetenz. Humankapital ist im Besitz der betreffenden Person und verlässt mit ihr den Standort. D.h. spezifische Fähigkeiten, Kompetenzen, Kapazitäten eines Standortes sind auch in Köpfen gespeichert. Wissen ist die einzige Ressource, die sich durch Gebrauch vermehren lässt. Menschen sind keine passiven Gestaltungsobjekte, sondern Träger von Zielen, Bedürfnissen, Wertvorstellungen und der Möglichkeit des (re-)aktiven Handelns. D.h. Verlust von Wissensarbeitern bedeutet somit immer auch Standorteinbußen. Menschen und Informationen/Wissen sind ein wertvolles Kapital. Rohmaterialien, Produktionsprozesse, Geschäfts- und Vermarktungsprozesse sind ggf. auch für alternative Standorte verfügbar. Was im Gegensatz hierzu für diese meistens nicht schnell verfügbar gemacht werden kann, sind Wissen, Fähigkeiten, Qualifikationen, Erfahrungen, Motivation u.a. von Personen. Beim Humankapital geht es um Menschen, die ausgebildet, informiert und flexibel sind. Um Menschen, die über das nachdenken, was sie tun und bereit sind, Initiativen zu ergreifen. Um Menschen, die bereit sind, zu lernen und offen für innovative Veränderungen sind. Um Menschen, die fähig sind, sich auf einer "Just-in-time"-Basis neues Wissen und neue Fertigkeiten anzueignen. Um Menschen, die Fachliteratur lesen und fähig sind, in interdisziplinären Teams zu arbeiten. Um Menschen, die bereit sind Verantwortung zu übernehmen und Mitverantwortung für das Erreichen von Zielen akzeptieren. Bewertung der definierten Standort-Humankapitalfaktoren: beispielsweise Einwohnerstruktur, soziales Umfeld, Sicherheit. Kaufkraft, verfügbares Einkommen, Konsumverhalten. intellektuelles Wissenskapital, Kompetenznetzwerke. Arbeitskräftepotential, vor Ort verfügbare Fachqualifikationen. eGovernment, kommunale Kompetenzen/ Verwaltungsprozesse.

Gibt es Initiativen, die es Menschen erleichtern, vor Ort Familie und Beruf miteinander zu verbinden? wird eine Betreuung angeboten, die sowohl qualitativ als auch von den Zeiten her maßgeschneidert ist, um eine Berufstätigkeit mit Kindern zu vereinbaren? bezüglich der 3-T-Standortfaktoren Technologie, Talent, Toleranz: gibt es am Standort ein offenes, kreatives Umfeld? liegen aktuelle Kaufkraftkennziffern zum verfügbaren Einkommen vor? gibt es Informationen zum Konsumverhalten am Standort? wird das vorhandene Wissen des Standortes in einer Datenbank oder regelmäßigen Treffen zum Wissensaustausch zusammengeführt? werden am Standort verfügbare Kernkompetenzen gesichert, z.B. durch das Denken in Netzwerken? werden Kompetenzen in Netzwerken gebündelt? sind am Standort in ausreichender Anzahl fachlich qualifizierte Mitarbeiter verfügbar? gibt es Auswertungen über den Ausbildungsstand der Arbeitskräfte als Voraussetzung für die Innovationsfähigkeit des Standortes? gelingt es, im Rahmen der Kommunikationsstrategie des Standortes, auch Arbeitgeberqualitäten zu platzieren?

Intangibles mit Zukunft - nicht alles, was wichtig ist, muss immer auch zu messen sein

Es gibt viele methodische Ansätze, mit denen darauf verwiesen wird, dass in den Buchhaltungssystemen der Standorte die Wirklichkeit nicht nur bloß vergangenheitsbezogen, sondern (viel schwerwiegender!) nur unvollkommen abgebildet wird. Für viele Standorte darf man sich sicher sein, dass deren wirkliches, nämlich intellektuelles Kapital überall stecken mag. Nur eben nicht das, was in der Bilanz des Kämmerers abgebildet wird, d.h. das Management der sogenannten Intangibles dürfte seine Zukunft noch vor sich haben. Auch das Umfeld fährt mit auf dem Karussell des Wandels. Insofern ist es auch hilfreich, wenn bei einer Standortanalyse gleichzeitig die Beziehungsfaktoren zwischen Standort und Umfeld mit einbezogen werden. Von einem Strategie-Check auf Basis einer Standortbilanz wird besonders die Entwicklung von Filter- und Selektionsfunktionen zu erwarten sein, damit die Zunahme der Informationsschwemme nicht zu isolierter Kompliziertheit, sondern stattdessen zu entscheidungsrelevanten Informationen führt.

Hierbei werden dynamische, ansonsten kaum überschaubare Wirkungsbeziehungen erfasst und danach gefragt: zwischen welchen Erfolgsfaktoren kommt es zu Wirkungsbeziehungen? wie stark sind jeweils solche Wirkungsbeziehungen? wie lange dauert es, bis ein Faktor seine Wirkung auf einen anderen ausübt? Dabei kommt es weniger darauf an, nach Antworten mit dem Millimetermaß des Kämmerers zu suchen: nicht alles, was wichtig ist, muss deshalb auch zu messen sein. Standortbilanzen sind weder bezüglich ihrer Erarbeitung noch bezüglich ihrer Auswertung und Handhabung dafür geeignet, sie Form etwa niedrigerer Tätigkeit an nachgeordnete Personen zu delegieren.

Sektorale Struktur mit Lokationsquotient und Spezialisierungsvorteilen regionaler Wertschöpfungsketten

Strukturkapital ist das, was dem Standort auf Dauer gehört und unabhängig vom Humankapital (Personen) weitgehend erhalten bleibt. Bewertung der definierten Standort- Strukturkapitalfaktoren: beispielsweise Dichte, Zustand des Wege- und Leitungsnetzes, Gewerbeflächen, Versorgungseinrichtungen, Schulen, Kindergärten, Bildungs- und Kultureinrichtungen, Gesundheitseinrichtungen, Sport- und Freizeitanlagen, Naherholungsgebiete u.a. Sind bei Gewerbeimmobilien die aktuellen Leerstandquoten bekannt? wird zwischen strukturellem Leerstand und zyklischen Angebotsüberhängen differenziert? sind die Anforderungen von Bestandsmietern mit sich ändernden Flächenanforderungsprofilen bekannt, werden diese umfassend betreut? wie ist das Verhältnis zwischen zusätzlichem Bedarf an Wohnungen zu neu gebauten Wohnungen? werden neue Wohnungen durch Nachverdichtungen im Bestand oder nach neuem Baurecht errichtet? gibt es Projekte für Mehrgenerationen-Häuser, Senioren-Wohngemeinschaften u.a.? gibt es Verbundlösungen, in denen betreutes Wohnen, ambulante Dienste, stationäre Pflege, Reha-Einrichtungen über alle Pflegestufen miteinander verzahnt arbeiten? richtet sich der Standort proaktiv auf demographische Entwicklungen ein? wird auf Gefahren der ethnischen und sozialen Gettobildung geachtet? wird das Knowhow von Stadtentwicklungsgesellschaften intensiv genutzt? werden Verfahren der privaten Stadtentwicklung eingesetzt? fungieren Stadtentwicklungsgesellschaften optimal als Scharnier zwischen Verwertungsinteressen von Immobilienbesitzern und städtebaulichen Interessen der Kommune? gibt es Unter-/Überversorgung mit Einzelhandel? werden in Innenstadtlage inhabergeführte Geschäfte aufgegeben? ist eine verbrauchernahe Versorgung gewährleistet? ist es Ziel, die Nahversorgung zu stärken, d.h. den Einzelhandel dort anzusiedeln, wo die Menschen wohnen? genügen die Marketing-/ Förderaktivitäten des Standortes den Anforderungen, um Innenstadtlagen zu fördern/unterstützen? werden Jugendliche beim Übergang ins Berufsleben betreut? werden Jugendliche auch nach ihrem Schulabschluss betreut? sind ausreichend Bildungseinrichtungen vor Ort vorhanden?

In vielen Branchen werden Vorleistungen extern beschafft, u.a. Datenverarbeitung, Wirtschaftsberatung, ingenieurtechnische Leistungen, Transport, Logistik, Wartung, Design oder Werbung. Suburbanisierungstendenzen sind rückläufig, der Trend zu wachsenden Städten hält an, die räumliche Arbeitsteilung zwischen Städten und Umland wird intensiver, im verarbeitenden Gewerbe nimmt die räumliche Konzentration auf immer weniger Standorte zu, die Bedeutung von Transportkosten für Standortentscheidungen sinkt aufgrund Verbreitung der Kommunikationstechnologien, neue Arbeitsplätze entstehen vor allem in wissensintensiven Wirtschaftszweigen. Die Internationalisierung der Wirtschaft führt zu intensiveren regionalen Verflechtungen, einer Verschärfung des globalen Standortwettbewerbs und beeinflusst u.a. regionale Entwicklungen, Sektorstruktur und Standortwahl.

Die sektorale Struktur eines Standortes hat Einfluss auf seine zukünftige Anziehungskraft. Je höher der Lokationsquotient eines Standortes, d.h. die Relation zwischen regionalem und nationalem Beschäftigungsanteil eines Wirtschaftszweiges, desto stärker ist der Standort in diesem Sektor spezialisiert und kann derartige Spezialisierungsvorteile und –potentiale ausschöpfen. Beispielsweise durch Clusterinitiativen: eine Standortbilanz würde hierfür eine plausible und transparente Diskussionsgrundlage darstellen können. Spezialisierungsvorteile und deren Standortgegebenheiten sind Bestandteil der ökonomischen Rahmenbedingungen. Die Frage ist, ob eine Spezialisierung des Wachstums oder eine diversifizierte Wirtschaftsstruktur der Standortentwicklung grundsätzlich förderlicher ist. Eine räumliche Nähe zu verwandten Branchen fördert regionale Wertschöpfungsketten, viele Wirtschaftszweige können von branchen-internen Verflechtungen profitieren. Clusterstrukturen können sich nach Wirtschaftszweigen unterscheiden. Die räumliche demografische Entwicklung hat Auswirkungen auf u.a. Siedlungsstrukturen und Gewerbeflächenangebot.

Allgemeine Leitbild-Gedanken der Standortanalyse: was will der Standort erreichen? Welche Position am Markt will der Standort einnehmen? Welche übergeordneten, langfristigen Ziele sollen verfolgt werden? Gibt es eine explizite Standortvision? Neue Vorreiterrollen können beispielsweise in innovativen Dienstleistungsmärkten übernommen werden. Hierfür muss der Standort Anstrengungen intensivieren, fokussieren und miteinander vernetzen. Dabei ist die strategische Standortbilanz ein geeignetes Instrument, mit dem einerseits bereits von der Vision ausgehende Defizite und Versäumnisse offengelegt/sichtbar gemacht werden können, andererseits aber auch Potentiale und Handlungsspielräume aufgezeigt werden können. Auf keinen Fall darf man in der trügerischen Annahme verharren, dass sich die Dinge von selbst wie gewünscht entwickeln werden. Spezielle Leitbild-Gedanken zu Infrastruktur und Flächen: durch intelligent vernetzte Infrastruktur soll die Rentabilität unternehmerischer Investitionen verbessert werden, die Industrie soll unabhängig vom konkreten Standort Geschäftsmodelle anpassen und erweitern können, d.h. auch am „Internet der Dinge" teilnehmen. Die Region will beispielsweise Unternehmen schnelle und effiziente Versorgungs- und Vertriebsverbindungen zu anderen Zentren Europas bieten, die Verknüpfung von Flugstrecken-, Bahn- und Straßennetze stärken und Industrieflächen für besondere Standort- und Erschließungsansprüche der Industrie vorhalten.

Die Elemente aller Standortphänomene sind Standortfaktoren, gewissermaßen die Ursprungsmaterie, aus der sich das aktuelle Standortgeschehen ableitet und entwickelt. Es kommt darauf an, diese komplexen Elementarteile und -energien des Standortes ausfindig zu machen, genau zu lokalisieren, möglichst detailliert quantifizierbar zu machen und die vielfältigen Wirkungs- und Kräftebeziehungen untereinander offenzulegen. Hierbei sind Wirtschaftsförderung und Standortanalyse eng miteinander verzahnt, keine der beiden Seiten dieses Begriffspaares ist jeweils ohne die andere richtig handlungsfähig. Beide Funktionen bedingen und befruchten sich gegenseitig. Beide Seiten begründen sich auf dem gemeinsamen Fundament der Standortfaktoren.

Standorte brauchen Kompetenznetzwerke – den Wettbewerb um kreative Köpfe gewinnen nur Standorte mit Chancenpotenzial

Bewertung der definierten Standort-Beziehungskapitalfaktoren, beispielsweise Logistikanbindungen. Standort-Benchmarking, regionalwirtschaftliche Rahmenbeziehungen. Clusterbildung, überregionaler Standortverbund. Kongresse, Messen, Tagungen, Internet. Beziehungen Wirtschaft zu Wissenschaft. Verschärft sich durch die Globalisierung die Kluft zwischen Metropole und Standort? gibt es eine Spezialisierung des Standortes nach Branchen? gibt es eine Spezialisierung des Standortes nach Funktionen, z.B. Forschungs- und Entwicklungsabteilungen u.a.? gibt es am Standort Chancen zum Aufbau von Netzwerken, beispielsweise durch räumliche Nähe zwischen Politikern, Managern, Forschern? hat der Standort die Möglichkeit, die Ausprägung seiner eigenen Standortfaktoren mit anderen Standorten zu vergleichen? wo steht der eigene Standort im Wettlauf um die klügsten Köpfe und die innovativsten Ideen? gibt es ein ausgearbeitetes/bereits umgesetztes Konzept für Cluster-Bildung? sorgt der Standort dafür, dass für Unternehmen bestimmter Zielbranchen besonders gute Rahmenbedingungen hergestellt und Anstöße geliefert werden, damit sich entsprechende Cluster bilden? finden ansiedlungsinteressierte Firmen über das Internetangebot des Standortes alle benötigten Informationen? ist das Internetportal so gestaltet, dass es von potentiellen Investoren ohne Einschränkungen als Erstinformationsquelle bei der Standortsuche genutzt wird?

Wissensintensives Wirtschaften braucht helle Köpfe. Wo finden diese ein geeignetes Umfeld um sich weiter zu entwickeln? Untersuchungen belegen, dass es Zentren des Wissens gibt, Hochburgen der Forschung, in denen sich das kreative Potenzial sammelt. Die Dynamik und Zukunftschancen des Standortes hängen auch davon ab, dass es auch in Zukunft Menschen gibt, die in der Wissenschaft und in wissenschaftlich orientierten Unternehmen eine Berufsperspektive sehen. D.h.: die vorhandenen Ressourcen müssen auf den Erhalt und Ausbau von Innovation und Wissen optimiert werden. Gegenüber dem Management klassischer Produktionsfaktoren hat das Management des Wissens seine Zukunft noch vor sich. Es wird immer mehr darauf ankommen, dass man wissensgestützte Produkte und Dienstleistungen nutzt, denn der Marktwert heutiger Produkte und Dienstleistungen basiert zu einem immer größeren Teil auf deren Informationsgehalt. Dabei werden verschiedene Entwicklungsstufen durchlaufen: von der Daten- über die Informations- bis hin zur Wissensstufe.

Früher oder später werden Technologien auch von Nachahmern in Billiglohnländern kopiert werden. Die Stärke bei wissensintensiven Produkten versetzt einen Standort in die Lage, hiervon besonders zu Beginn eines Produkt-Lebenszyklus zu profitieren und auch im Vergleich zu beispielsweise chinesischen Standorten (solange es dort keine eigene Forschung und Entwicklung gibt und nur nachgebaut wird) höhere Kosten zu rechtfertigen. Standorte, die sich „informationalisieren" können, werden besser da stehen als solche, die dies nicht können. Wenn sie darüber hinaus vorhandene Wissensbestände zu nutzen wissen, werden sie sogar noch stärker und wertvoller sein als die, die nur auf Informationen basieren. Den Wettbewerb um kreative Köpfe gewinnt der Standort mit großem Chancenpotential (Kreative bevorzugen Citys, weil sie dort mehr Optionen haben: die technologisch kreativen Innovatoren, die ökonomisch kreativen Entrepreneure und die künstlerisch/kulturell kreativen Künstler schätzen es, dass sie Nachbarn am gleichen Standort sind). Bei der Wahl des Arbeitsortes lassen sich Kreative nicht nur allein von der Attraktivität des Arbeitsmarktes leiten, ebenso wichtig ist für sie die Vielfalt des kulturellen Angebots, ein großzügiges Toleranzklima sowie ein ausgeprägtes Anregungsumfeld aus Bildung und Wissenschaft.

D.h. das Zusammenspiel zwischen Technologie, Talent und Toleranz ist entscheidend für die kreative Attraktivität eines Standortes. Kompetenznetzwerke können als Kommunikationsforen fungieren, die auch die Wettbewerbs- und Entwicklungsmöglichkeiten des Standortes verbessern können. An diesen Netzwerken beteiligen sich neben Unternehmen auch Vertreter aus Forschung und Bildung, aus Politik, Verwaltung und vielen anderen Bereichen (z.B. Kultur, Sport, Touristik u.a.). Der Vorteil für alle Beteiligten liegt in der Möglichkeit zum Informationsaustausch und dem Knüpfen von Geschäftskontakten (z.B. Ansprache neuer Kundenzielgruppen, Suche geeigneter Kooperationspartner). Kompetenznetzwerke können ebenfalls dazu beitragen, vorhandene Synergien und Innovationspotenziale auszuschöpfen.

Digitalisierung prägt Informationskulturen mit Nebenwirkungen von ökonomischen und gesellschaftlichen Veränderungen - Kommunikationsrevolution mit Wissensnutzung für kreative Freiräume

Digitalisierung tangiert die meisten Lebensbereiche: Information und Kommunikation, beruflichen Alltag, Mobilitätsmuster, Freizeit- und Konsumverhalten, Transaktionsverhalten. Zur digitalen Welt gehören für die Mehrheit der Menschen Internet, Handy, Smartphone, Laptop u.a.: Dinge, die für viele so selbstverständlich scheinen, dass ein Leben ohne sie überhaupt nicht mehr vorstellbar scheint. Die Dynamik der Entwicklung solcher neuen Technologien wird weiter dadurch begünstigt, dass für ihre Nutzung keine hohen finanziellen Hürden zu überwinden sind. Der für den Alltag gestiftete Zusatznutzen wird kaum noch hinterfragt. Mit der Digitalisierung sei einfach vieles nur einfacher, transparenter und besser zugänglich geworden, Breite und Aktualität des Informationsangebotes sind geradezu überwältigend. Jedermann hat jederzeit Zugang zu allen verfügbaren Informationen und das Schönste daran: alles mehr oder weniger zum Nulltarif. Unbegrenzt mögliche Preis- und Produktvergleiche schaffen nahezu unbegrenzte Markttransparenz in Echtzeit. Noch nie war es so einfach, den Dingen auf den Grund zu gehen und per Mausklick in das gesammelte Weltwissen einzutauchen. Unbestreitbar ergeben sich als Folge der Digitalisierung aus dieser Dynamik tiefgreifende ökonomische und gesellschaftliche Veränderungen. Kostenlose Informationsangebote im Netz haben bisheriges Informationsverhalten quasi über Nacht über den Haufen geworfen: die Informationsnutzung im Internet folgt anderen, neuen Gesetzen: die regelmäßige Information wird durch impulsgetriebene Informationen nach Bedarf ersetzt. Die für Informationen investierten online-Zeitbudgets sind im Vergleich zu bisherigen Printmedien deutlich geringer. Schnelligkeit des Mediums heißt hier auch Schnelligkeit der Nutzung.

Der Flügelschlag der Begeisterung verleiht dem Netz zwar Schwingen, sieht sich aber von manchen kritischen Zeitgenossen immer häufiger auch mit skeptischen Kommentaren und Analysen konfrontiert. Zu unheimlich erscheint mittlerweile die Perfektion, mit der Meinungsströme gesteuert, Werbung lanciert und Missliebiges blockiert werden. Das alles noch zu verstehen oder nur halbwegs zu überblicken braucht es ein gehöriges Maß an Fachwissen, das bei der Mehrheit der Nutzer kaum im ausreichenden Maß zu finden sein dürfte. Zwangsläufig braucht es daher Fachleute, die für den Normalnutzer als Filter fungieren, die für ihn Sachverhalte sortieren, analysieren und kommentieren, eine transparente (d.h. unabhängige) Schnittstelle zwischen Spezialisten und Laien. Die Informationswege des Netzes verlaufen wohl eher in einer anderen Richtung: subjektive Informationsströme werden nach Personen und weniger nach Sachthemen konfiguriert. Es bilden sich so etwas wie in sich homogene Cluster, d.h. Personen gruppieren sich im Netz vorwiegend nur um ihresgleichen.

Ein sich selbst organisierendes Netz wirkt als Verstärker ohnehin bereits vorherrschender (lautstarker) Meinungsträger: Abweichendes oder Kritisches könnte im Schwarm der Gleichdenkenden eher weniger Gehör finden. Alle Lebensbereiche und Arbeitswelten sind mittlerweile von Digitalisiertem durchdrungen: mit welchen Folgen für das Private? wie sieht die Zukunft aus? welche Auswirkungen ergeben sich für die Arbeitswelt? Die vernetzte Welt scheint komplexer geworden: es bedarf intellektueller Anstrengungen, um wenigsten einige der Zusammenhänge noch zu begreifen, als Voraussetzung um überhaupt etwas gestalten zu können. Was passiert in den Köpfen der Menschen, wenn sich alles mit immer größerer Geschwindigkeit ändert, wenn alle mit allen in ständiger Kommunikation sind und jeder immer über alles informiert ist? Die Menschheit beginnt sich zu teilen: in die äußerst kleine Gruppe derjenigen, die den Computern sagen, was sie zu tun haben und in die immens große Gruppe derjenigen, denen die Computer sagen werden, was sie zu tun haben.

Was konnte sich die Bevölkerung damals anno 1983 noch über eine Volkszählung erregen, die das reinste Kinderspiel war, verglichen mit dem, was heute an Datensammlungen gang und gäbe ist. Von der Preisgabe von Privatheit war man seinerzeit noch entfernt und wenn, hätte es für solche Preisgabe noch eine Einwilligung gebraucht. Heute dagegen hat sich die Welt soweit gedreht, dass Daten gar freiwillig preisgegeben werden: wie gebannt richten sich die Blicke auf angeblich unverzichtbare Zusatznutzen zahlloser Apps, die damit im Gegenzug verbundenen Gefahren werden nicht wahrgenommen oder ausgeblendet. Die Gefahrenlage gegenüber der so heiß kritisierten Volkszählung von 1983 hat sich gravierend gewandelt: es werden kaum

Gedanken daran verschwendet, wenn freiwillig preisgegebene Daten in immer neue, teilweise überhaupt noch nicht absehbare Verwendungszwecke überführt werden.

Bis die Buchdruckmaschine Einzug in die Welt hielt war das Privileg, lesen und schreiben zu können (entscheiden zu können, welches Wissen wichtig und welches unwichtig war) in den Händen weniger Geistlicher und Adliger. Der Buchdruck entzauberte diese Privilegien kurz und bündig. Analog hierzu erleben wir auch mit dem Internet so etwas wie eine Kommunikationsrevolution: ehemaliges Herrschaftswissen verliert dieses Status. „Stellen wir uns vor, wie unsere Geschichte wohl verlaufen wäre, wenn die katholische Kirche es vor 600 Jahren geschafft hätte, die Kontrolle über die Buchpresse und deren Verbreitung zu erlangen, so können wir uns dem Problem, das Konzerne wie Google, Facebook und Amazon darstellen, langsam annähern". Mit der Digitalisierung wurden große Versprechen (mehr Demokratie, Transparenz u.a.) in die Welt gesetzt. Es sind aber nicht Staat und Unternehmen transparenter geworden, sondern Bürger und Konsumenten frönen dem digitalen Striptease. Die Abschaffung von immer mehr Privatsphäre geht einher mit dem Erstarken unkontrollierter wirtschaftlicher und politischer Überwachungssysteme. „Und im freiheitliche Westen stellt sich die Frage, welcher Konzern die Daten am umfassendsten aggregiert, um am Ende immer präzisere Profile über uns zu speichern und zu vermarkten. Es gibt kaum noch einen Bereich unseres Lebens und Schaffens, der nicht irgendwie digital aufgezeichnet wird. „Das Einzige, was momentan noch nicht digital analysiert werden kann, sind unsere Gedanken. Um diese Entwicklung überhaupt erst einmal verstehen zu können, ist eine höhere Digitalkompetenz vieler Menschen notwendig. Um bewusst und selbstbestimmt entscheiden zu können, was wie mit unserer Privatsphäre geschehen darf und wie wir auf diese digitale Welt Einfluss nehmen können.

Abgestorbene Zeitkapseln, Informationsüberschwemmung und Informationsverlust: Nicht-Identität und Dschungel der Wissensspeicher, fragile Dichte der Datenspeicherung, Error 404 page not found, digitale Produkte ohne Dauerhaftigkeit und Abgeschlossenheit, Prozesse im steten Wandel, Links verfallen, Server ziehen um, ununterbrochenes Aufdatieren und Umkopieren. Im Laufe der Zeit hat sich in der Welt mehr Wissen angesammelt, als irgendjemand irgendwann lesend bewältigen könnte. Beruhigend (und bedrohlich) wird versichert, dass das Internet nichts vergisst und auf ewig dort alles seinen Platz finde. Auf der einen Seite: die Angst vor Informationsverlust. Auf der anderen Seite: die Angst vor dem overload, der Informationsüberschwemmung: die Lobpreisung vom zukünftigen, grenzenlosen, selbstverwalteten, digitalen Paradies gepaart mit düsteren Untergangsszenarien. Dies alles lässt sich gleichzeitig, in Echtzeit und vor dem Hintergrund von Schlagworten empfinden, wie beispielsweise: Zukunft der wissenschaftlichen Kommunikation, selbstorganisiertes Wissen im Internet, Schwärme neuer Bücher, digitale Kanäle, die zur Sintflut anwachsen und bestehende Strukturen unterhöhlen, wolkenförmige Nicht-Identität.

Archive als ein Dschungel alter Wissensspeicher: verfallende Magnetbänder, obskur gewordene Daten-Recorder und Festplatten mit unlesbar gewordenen Betriebssystemen. Je dichter Daten gespeichert werden, desto fragiler sind sie. Von der Druckproduktion des 15. Jahrhunderts ist schätzungsweise ein Drittel nicht mehr vorhanden und ein weiteres Drittel nur noch in einem einzigen Exemplar. Wird man also auch in Zeiten der digitalen Revolution bei der Suche nach Informationen am Bildschirm immer öfter die Anzeige lesen: Error 404, page not found, Anmerkung: sorry? Sind die Clouds dauerhafte Speicher oder nur vorübergehende Schleier der explodierenden Datenbestände? Digitale Produkte sind nie fertig oder abgeschlossen, sind nicht auf Fixierung und Dauerhaftigkeit angelegt. Mit ihrem Prozesscharakter bieten sie offene Strukturen, in denen der stete, nicht vorhersehbare Wandel vorherrscht. Digitale Kanäle sind Verteiler, nicht Speicher: in keiner Bibliothek ist der Informationsschwund gleich groß wie im Netz, Links verfallen, Server ziehen um. Nach einer Studie sind nach nur zweieinhalb Jahren etwa dreißig Prozent der in sozialen Netzwerken gespeicherten Informationen bereits verfallen.

Wissensnutzung für kreative Freiräume: Wissen ist die einzige Ressource, die sich durch Gebrauch vermehren lässt: nur wer schnell und einfach auf Vorhandenes zurückgreifen kann, gewinnt Freiräume für kreative neue Lösungswege. Je besser es jemandem gelingt, sein Wissen zu lokalisieren und gezielt einzusetzen, desto mehr kann er sich gegenüber seinen weniger wissensbewussten Konkurrenten absetzen: das für Problemlösungen benötigte Wissen soll zur richtigen Zeit am richtigen Ort verfügbar sein. Trotz zahlreicher Einzelaktivitäten im Zusammenhang mit dem Zukunftsrohstoff „Wissen" gibt es oft noch Lücken, die eine bestmögliche Ausschöpfung der in ihm steckenden Entwicklungspotentiale behindern: insbesondere fehlt vielfach noch ein in sich schlüssiges Konzept bzw. Instrument, mit dem sich alle Einzelkomponenten des Intellektuellen Kapitals vollständig und mit einheitlicher Systematik abbilden lassen. Eine der Hauptursachen, warum der Rohstoff „Wissen" trotz seines rasant steigenden Anteils an der Herstellung heutiger Produkte und Dienstleistungen bislang so wenig sichtbar und greifbar gemacht wurde, liegt in der komplizierteren Bewertung und Messung immaterieller sogenannter „weicher" Faktoren begründet. Personalbilanzen sind auf dem Weg zu einer zahlenmäßigen Erfassung inzwischen ein gutes Stück des Weges vorangekommen und haben hierfür auch praxistaugliche Instrumente, Verfahren und Software entwickelt. Diese ermöglichen es nicht nur, sich in einem hochkomplexen Wissensumfeld Wettbewerbsvorteile zu verschaffen, sie machen durch ihre gängige Zahlenwelt auch eine Nachvollziehbarkeit für außenstehende Dritte möglich.

Wissen ist nicht nur irgendein Produktionsfaktor: ein plan- und zielloser Umgang mit Wissen und Fähigkeiten würde Ressourcen vergeuden und zur Demotivation führen. Der Erfolg hängt auch davon ab, wie effizient der Rohstoff Wissen nutzbar gemacht werden kann. Die Organisation von gespeichertem Wissen ist die Basis für Innovationen aller Art. Server, Datenautobahnen und Datenbanken ermöglichen den permanenten Zugriff auf Informationen. Informationen alleine haben weder einen besonderen Wert, noch einen Zweck an sich: sie dienen lediglich als Mittel der Wissenserweiterung; gleichzeitig aber muss dieses Wissen archiviert und nachvollziehbar kategorisiert werden.

www.ingramcontent.com/pod-product-compliance
Lightning Source LLC
Chambersburg PA
CBHW051316220526
45468CB00004B/1363